Christoph Hein
Randow

Christoph Hein

RANDOW

Eine Komödie

Aufbau-Verlag

RANDOW

Eine Komödie

PERSONEN

Anna Andress, *36 Jahre*
Susanne Andress, *ihre Tochter, 17 Jahre*
Rudolf Krappmann
Bernd Voß, *der Bürgermeister*
Robert Kowalski, *56 Jahre*
Fred P. Paul
Peter Stadel

1. SZENE

Veranda eines Wohnhauses in der Randow.
Anna Andress.

ANNA:

Ich kann Sie nicht verstehen.

Stimme von VOSS:

Nehmen Sie den Hund weg. Schließen Sie endlich das Tier ein, damit wir uns vernünftig unterhalten können.

Anna zögert, geht dann ab und kommt mit Bernd Voß zurück.

VOSS:

Ich habe vor Hunden keine Angst, ich kann mit ihnen umgehen. Aber ein Hund muß parieren, aufs Wort muß der hören. Meine beiden, da brauche ich nur die Hand heben.

ANNA:

Was wünschen Sie?

VOSS:

Schön haben Sies hier. Ein schönes Fleckchen Erde. Und jetzt, wo der Sommer kommt, kann man es sich wohl sein lassen. Urlaub, sich erholen, ein ungestörtes Vergnügen.

ANNA:

Ich arbeite. Ich arbeite hier.

VOSS:

Sie arbeiten? Und Ihr Mann, ist er nicht daheim? Ich habe ihn lange nicht mehr gesehen.

ANNA:

Herr Voß, ich möchte nicht unhöflich sein, aber ich sitze an einer Arbeit, und Sie haben mich unterbrochen. Sagen Sie, was Sie von mir wollen.

VOSS:

Ja, Sie sind unhöflich. Ich mache mir den weiten Weg, komme zu Ihnen herausgefahren. Und Sie! Fehlte nur noch, daß Sie den Hund auf mich hetzen.

ANNA:

Entschuldigen Sie, wenn ich in einer Arbeit stecke, vertrage ich es nicht, unterbrochen zu werden.

VOSS:

Jaja, Sie arbeiten, ich weiß. Ein schönes Haus, das wir Ihnen verkauft haben. Es ist noch immer viel dran zu machen, es stand zu lange leer und wurde wohl vorher auch nicht richtig instand gehalten. Aber die Randow, die ist schön. Sie müssen doch sehr zufrieden sein mit dem, was wir Ihnen verkauften.

ANNA:

Ich beklage mich auch nicht. Warum sind Sie gekommen?

VOSS:

Nur eine Frage, Frau Andress: haben Sie in der Nacht oder heute morgen etwas Ungewöhnliches bemerkt?

ANNA:

Etwas Ungewöhnliches? Nein.

VOSS:

Ist Ihnen nichts aufgefallen? Ihr Hund, hat der sich nicht irgendwann gemeldet? Wir sind Grenzgebiet, da müssen wir alle ein wenig die Augen offenhalten. Sie wissen ja auch, was los ist.

ANNA:

Ich weiß gar nichts, Herr Voß. Ich will arbeiten, und ich will meine Ruhe haben, das ist alles. Und im übrigen bin ich nicht neugierig. Ich stecke meine Nase nicht in fremde Angelegenheiten.

VOSS:

Und Sie haben nichts bemerkt? Das ist merkwürdig. Von hier aus kann man das gesamte Randowtal überblicken. Sie müssen doch jeden sehen. Und eine Gruppe von zehn, zwölf Personen, Sie können mir doch nicht erzählen, daß Sie eine solch große Gruppe nicht bemerkt haben.

ANNA:

Manchmal sitze ich hier draußen, und dann sehe ich auch einiges. Aber ich habe anderes zu tun, als den ganzen Tag zu beobachten, ob einer auf dem Berg herumläuft oder ins Tal kommt. Ich bin nicht neugierig, und ich bin auch kein Spitzel. Ich war nie ein Spitzel, Herr Voß.

VOSS:

Und Ihr Hund? So ein Tier müßte doch Fremde verbellen. Oder haben Sie das Tier verzogen?

ANNA:

Der Hund kommt nachts ins Haus. Ich laß ihn über Nacht nicht mehr draußen.

VOSS:

Was denn, so ein Tier lassen Sie in die Wohnung? So eine Bulldogge von Hund hat nichts in der Wohnung zu suchen. Das ist kein Schoßhund. So ein Tier kann man kaputtmachen, wenn man nicht versteht, damit umzugehen. Der braucht eine harte Hand. Den muß man mit dem Knüppel erziehen, wenn er was taugen soll.

ANNA:

Ich schlage meinen Hund nicht.

VOSS:

Schad drum. Ist ein so schönes Tier. Schad drum. Kann das Ihr Mann nicht machen, den Hund erziehen? Man sieht ihn gar nicht mehr.

ANNA:

Also, Sie haben mich gefragt, ich habe nichts gesehen. Das wärs dann wohl.

VOSS:

Ich verstehe. Es interessiert Sie nicht. Was da nachts für ein Gesocks über die Grenze kommt, Sie interessieren sich nicht dafür. Aber das kann sich ändern, das kann sich sehr leicht ändern. Wenn die, Gott behüte, Sie heimsuchen. Wenn die Ihnen das Haus anzünden. Wenn die Sie ausrauben. Eine junge Frau, nachts, und so einsam. Mit einem Hund, der zu dämlich ist, um ein Huhn zu fassen.

ANNA:

Machen Sie sich nicht lächerlich. Das sind halbverhungerte Menschen, die über die Grenze kommen, die nicht mehr wissen, wie sie ihre Kinder ernähren sollen.

VOSS:

Schön wärs ja. Aber die Leute, von denen Sie reden, die gehen nicht nachts über die Grenze. Die sind viel zu schwach und bleiben dort, wo sie hingehören. Oder sie kommen am Tag und stellen einen Antrag und warten, bis die Behörde entscheidet. Was nachts über die Grenze kommt, das sind Gangster und Ganoven, die die schnelle Mark machen wollen und die sich ein Auto polnisch besorgen. Und die auch nicht davor zurückschrecken, eine einsame junge Frau – *Er macht die Geste des Halsabschneidens.*

ANNA:

Danke, daß Sie um mich so besorgt sind. Ich kann selbst auf mich aufpassen.

VOSS:

Oben in Vierraden haben sie einen vom Bundesgrenzschutz abgestochen. Er fragt nach dem Ausweis, ganz höflich, und schon hat er ein Messer zwischen den Rippen. Sofort tot. Frau und drei Kinder hat er. Die schrecken vor nichts zurück. Ich will nur sagen, es kann ganz schnell zu spät sein für Sie. Ich würde lieber aufpassen. Ich meine, an Ihrer Stelle. Wenn man so einsam lebt wie Sie.

ANNA:

Das wärs dann wohl.

VOSS:

Eine schöne Ecke ist das. Da standen die Autos, völlig zerschossen, ein Dutzend Autos, schon angerostet, teilweise ohne Türen. Und hinter dem Wäldchen stand das Flugzeug, das sah noch ganz in Ordnung aus. Ich weiß nicht, ob Sie das noch gesehen haben, war ein merkwürdiger Anblick. Aber jetzt ist alles abtransportiert, alles aufgeräumt. Ein schönes Fleckchen Erde. Gut zum Erholen, zum Spazierengehen, Partiesfeiern, nicht wahr.

ANNA:

Auf Wiedersehen. Oder gibt es noch etwas?

VOSS:

Ich habe eine Beschwerde gegen Sie vorliegen, eine Anzeige. Sie lassen Ihren Hund außerhalb des Gehöfts frei umherlaufen. Das ist nicht erlaubt. Und der Förster sagt, er hat Sie darauf hingewiesen, und Sie haben ihn beschimpft.

ANNA:

Er hat mich darauf hingewiesen? Behauptet er das tatsächlich? Soll ich Ihnen sagen, was dieser Kerl gemacht hat? Er hat auf mich geschossen. Ich laufe durch die Heide, und er schießt auf mich.

VOSS:

Er sagt, er hat auf Ihren Hund geschossen. Das ist seine Pflicht. Hunde, die weiter als zweihundert Meter von einem Gehöft frei umherlaufen, sind streunende Hunde und müssen erschossen werden. Sie könnten tollwütig sein. Und sie vertreiben uns das Wild.

ANNA:

Er hat auf mich geschossen. Er hat mich gesehen, ich habe ihn gesehen, und dann hat er geschossen. Der Mann ist krank.

VOSS:

Nein, Sie irren sich. Das ist ein ausgezeichneter Mann, das sagen alle, und ein erstklassiger Jäger. Er hat auf Ihren Hund geschossen. Das mußte er. Er muß wildernde Hunde erschießen.

ANNA:

Er ist krank, ich sag es Ihnen. Er sieht mich und schießt. Und daß er, ausgerechnet er, eine Anzeige macht, ist unverschämt. Ich werde ihn anzeigen. Wegen Mordversuch.

VOSS:

Lassen Sie Ihren Hund an der Leine, wenn Sie spazierengehen, dann kann nichts passieren. Und laufen Sie nicht in der Nacht oder in der Dämmerung herum. Das Randowtal gehört zu unserer Jagd, ist unsere Revierpacht. Das haben wir bezahlt, und damit haben wir ein Recht, hier zu jagen. Und wie leicht kann etwas passieren, liebe Frau Andress.

ANNA:

Ich zeige ihn an, verlassen Sie sich darauf. Ich darf hier spazierengehen. Auch mit meinem Hund. Auch ich habe ein Recht.

VOSS:

Darüber wollte ich auch mit Ihnen sprechen. Wir wollen Ihnen ein neues Haus anbieten. Nicht so abgelegen und auch nicht so gefährlich.

ANNA:

Das haben Sie mir alles schon einmal erzählt. Aber ich bin zufrieden. Ich brauche kein anderes Haus.

VOSS:

Sagen Sie nicht gleich nein. Wir haben zwei schöne Häuser. Schauen Sie sich die erst einmal an, bevor Sie nein sagen.

ANNA:

Danke. Danke und auf Wiedersehen.

VOSS:

Die Häuser sind alle in Ordnung, nicht nur so zurechtgeflickt. Allein kommt eine Frau doch damit nie hin. Denken Sie darüber nach.

ANNA:

Gehen Sie bitte.

VOSS:

Sie haben gar keine Gardinen an den Fenstern. Überhaupt keine Gardinen.

ANNA:

Ich habe auch keine Nachbarn.

VOSS:

Jaja. Fällt mir nur so auf. In einem Haus ohne Gardinen möchte ich nicht leben. Da würde mir irgend etwas fehlen. Und Nachbarn hat man immer, so oder so. Man muß gar nichts davon wissen.

2. SZENE

In der Randow. Dämmerung.
Robert Kowalski in Jägerkleidung und mit Gewehr.

KOWALSKI:
Ach ja, das entschädigt einen doch für einiges. Unberührte Natur. Das gibts wirklich nur noch bei euch. Ihr wißt gar nicht, wie gut es euch geht. Aber so ist der Mensch, weiß immer erst, wenn er es verloren hat, was er besaß. Nach so einem Stückchen Natur, da würde man sich bei mir daheim alle zehn Finger ablecken. Du kannst hier laufen und laufen und laufen, und du triffst keinen Menschen. Komm her.

VOSS *tritt auf, mit Gewehr*:
Hast du etwas gesehen, Bob?

KOWALSKI:
Komm her. Schau dir das an. Gottes freie, unberührte Natur. Schau dir das an. Sei ganz still und hör zu. Hörst du die Natur? Alles lebt. Schön. Einfach schön.

VOSS:
Das will ich dir gern glauben, daß das ein schönes Fleckchen Erde ist. Hier muß man nicht nur streunende Katzen und Hunde erschießen. Hier gibts noch Rotwild und Damwild, Fasane, Schweine und Füchse, Birkhühner und Rebhüh-

ner, Wachteln, Wildgänse, Trappen. Alles ist zum Greifen nah. Wir haben nie einen Hochsitz gebraucht. Hier läuft dir das Wild direkt vor die Büchse. Komm, gehen wir zum Pfuhl rüber. Ich habe gestern eine frische Schweinekuhle entdeckt, ganz frisch. War aber keine gute Idee von dir, den Hund daheim zu lassen. Bei Schweinen habe ich den Hund lieber bei mir. Auch ein auf den Tod verletzter Keiler kann dir noch gefährlich werden.

KOWALSKI:

Laß mal gut sein. Dein Hund ist auf deinem Hof gut aufgehoben. Was ein Jagdhund ist, das zeig ich dir, wenn ich endlich meine Tiere hier unterbringen kann.

VOSS:

Mein Hund ist scharf. Der geht jedem Fremden an die Kehle, bevor der überhaupt weiß, was los ist. Der hat sich schon mit Schweinen gebissen.

KOWALSKI:

Das will ich dir alles gern glauben. Aber ein Wild zu stellen, das hat er nicht gelernt. Er ist scharf, aber kein Jagdhund. Mein Setter oder mein englischer Fuchshund und deine Hofkläffer – das ist ein himmelweiter Unterschied.

VOSS:

Meiner hört aufs Wort. Der bleibt am Mann und nimmts mit einem Keiler auf.

KOWALSKI:

Das Haus gefällt mir. Das könnte mich mit allem versöhnen. So ein Haus im Tal, mitten in der Heide, völlig einsam, direkt neben der Grenze, das ist doch nichts für eine alleinstehende Frau. Es wäre besser, wenn im Randowtal einer vom Grenzschutz wohnt. Ich könnte dann auch nach Feierabend ein Auge auf die Gegend haben.

VOSS:

Ich habe schon mit ihr gesprochen. Schon dreimal. Sie will nicht.

KOWALSKI:

Und sie wohnt ganz allein?

VOSS:

Ja, ganz allein. Ist eine hübsche Frau, ich seh sie mir gern an, aber stur. Da war auch noch ein Mann, richtig verheiratet, aber der ist seit Monaten nicht mehr zu sehen.

KOWALSKI:

Und was macht sie hier draußen?

VOSS:

Ich weiß es nicht. Keramiktöpfe oder Bilder, sagt man, etwas in der Art. Ich habe mich nie dafür interessiert.

KOWALSKI:

Es sticht mir ins Auge, das Haus.

VOSS:

Ja, und es ist eine feine Gegend. Seit zwei Jahren Landschaftsschutzgebiet, absoluter Baustopp. Das heißt, es wird dir nichts vor die Nase gesetzt, kein Stück Beton. Heute ist das Haus sicher das Dreifache wert.

KOWALSKI:

Ich zahle, ich schau nicht aufs Geld. Das habe ich nicht nötig.

VOSS:

Was soll ich tun? Ich kann nichts tun. Damals waren wir froh, das Haus loszuwerden. Der Bund wollte das gesamte Gelände übernehmen. Schließlich war es ja immer Armeegelände, seit Wilhelm. Erst Panzerübungsplatz, es ist ja sozusagen ein natürlicher Schießplatz, von außen nicht einzusehen und durch die Berge geschützt. Unter Adolf war es eine Segelflugschule der Kadetten. Und nach 1945 machten sie hier Terroristen-Ausbildung. Oder Anti-Terror, wer weiß das schon. Hätte der Bund das Gelände bekommen, wären wir bei dem Haus mit einer lächerlichen Summe abgespeist worden. Daß die Naturschützer sich durchsetzen, daran hat keiner geglaubt. Also waren wir froh, das Haus zu verkaufen, um wenigstens etwas Geld für die Gemeinde zu retten.

KOWALSKI:

Sei still.

VOSS:

Hast du etwas gehört? Bob? Was ist es?

KOWALSKI:

Still.

Sie greifen zu den Gewehren.

VOSS:

Das ist kein Schwein. Und das ist auch kein Wild.

KOWALSKI:

Nein.

VOSS:

Das sind wieder Rumänen oder Inder oder Polen.

KOWALSKI:

Halt den Mund, Bernd.

VOSS:

Wir werden sie überraschen.

KOWALSKI:

Das ist nur einer. Höchstens zwei. Aber keine Gruppe.

Sie verstecken sich hinter Bäumen.

VOSS:

Hier müßte eine richtige Mauer hin, wie damals.

KOWALSKI:

Still.

Rudolf Krappmann tritt auf, angetrunken und mit einer Reisetasche.

KRAPPMANN:

Sind Sie verrückt, mich so zu erschrecken. Das ist ja ein Überfall.

KOWALSKI:

Was machen Sie hier?

VOSS:

Das ist Krappmann, Rudolf. Dem das Haus gehört. Der Mann von der Frau, du weißt schon.

KOWALSKI:

Was treiben Sie hier?

KRAPPMANN:

Was machen Sie denn? Tontaubenschießen? *Er lacht.* Fliegen hier irgendwo Tontauben herum?

KOWALSKI:

Machen Sie die Zigarette aus. Machen Sie sofort die Zigarette aus. Sind Sie völlig verrückt, im Wald zu rauchen.

KRAPPMANN *tritt die Zigarette aus*:

Erschießen Sie mich nicht gleich.

KOWALSKI:

Ich werde Sie anzeigen.

KRAPPMANN:

Ja, zeigen Sie mich an. Das bin ich gewohnt. Zeigen Sie mich nur an. Leute wie Sie, ach, da scheiß ich doch drauf.

VOSS:

'n Abend, Herr Krappmann.

KRAPPMANN:

Der Herr Bürgermeister. Und auch bewaffnet. Was jagen Sie denn? Hirsche, Wildschweine? Oder Ausländer?

VOSS:

Man hat Sie lange nicht mehr gesehen, Herr Krappmann.

KRAPPMANN:

Das nächste Mal melde ich mich bei Ihnen ab. Einen schönen Abend, die Herren. Und schießen Sie mir nicht in den Rücken, ich bin nicht bewaffnet. *Geht ab.*

KOWALSKI:

Und an Leute wie den verkauft ihr so ein Haus. Das ist ein Brandstifter. Bring ihn zur Anzeige, und nimm ihm das Haus wieder weg.

VOSS:

Einfälle hast du. Ich würde das Haus liebend gern zurücknehmen, lieber heute als morgen. Für eine solche Immobilie, mitten in einem Landschaftsschutzgebiet, zahlt man heute ein Vermögen. Die Gemeinde könnte das Geld gebrauchen. Und ich würde mich dafür einsetzen, daß man es dir verkauft. Aber was kann ich schon machen.

KOWALSKI:

Ich habe ein Recht darauf, Bernd. Ich habe mich in diesen vergammelten Osten versetzen lassen, ich jage jeden Tag einer Herde Zigeuner hinterher, die kein Wort Deutsch verstehen und mir immerfort einen einzigen Satz vorjammern, daß sie Hunger haben oder daß man sie verfolgt. Oder sie können nur das eine Wort winseln, Asyl. Das war bei mir daheim etwas ganz anderes. Es war alles zivilisiert, verstehst du. Europäischer Standard. Aber hier, an der Grenze zur Taiga, da stehst du auf verlorenem Posten. Da möchte man wenigstens anständig wohnen.

VOSS:

Wenn die Frau verkauft, hast du das Haus. Aber –

KOWALSKI:

Kümmere dich darum. Es soll dein Schade nicht sein.

VOSS:

Ich würde dir gern helfen, das weißt du. Komm, wir gehen zum Pfuhl rüber. Um diese Zeit müßten wir die Schweine zu sehen bekommen.

3. SZENE

Veranda des Wohnhauses in der Randow. Abend.
Anna Andress, Rudolf Krappmann.

ANNA:

Ich kann dir einen Tee anbieten. Oder einen Kaffee. Dann ist nur noch Saft und Mineralwasser da. Ich habe keinen Schnaps und keinen Wein im Haus, nicht einen Tropfen.

KRAPPMANN:

Ein Pfefferminztee wäre sehr gut. Ich trinke neuerdings überhaupt viel Tee. Jeden Tag mindestens zwei Liter.

ANNA:

Also Tee. *Geht ab.*

KRAPPMANN *steht auf, geht umher, ruft dann ins Haus*:

Wo ist Frosch? – Frosch!

ANNAS Stimme:

Ruf ihn nicht. Ich habe ihn eingesperrt.

KRAPPMANN:

Darf ich ihn nicht sehen?

ANNA *tritt auf*:

Sei nicht albern. Er hat richtig gelitten, als du gegangen bist, wie ein Mensch. Er hat dich überall gesucht. Ich will nicht, daß er dich sieht. Ich habe dann wieder den Trouble mit ihm.

KRAPPMANN:

Ich könnte ja hier bleiben. Wegen Frosch.

ANNA:

Nein, das kannst du nicht. Meinetwegen.

KRAPPMANN:

Ich bin völlig okay, Anna. Es gab Probleme mit mir, sicher, aber das ist vorbei. Vergessen wir alles und fangen einfach von vorn an.

ANNA:

Nein, Rudi.

KRAPPMANN:

Frosch vermißt mich. Und du doch auch. Anna. Komm her.

ANNA:

Das ist vorbei, Rudi. Ich habe es überstanden, und jetzt ist es vorbei. Es ist mir sehr schwergefallen, allein zu leben. Ich war es nicht gewohnt. Mit achtzehn in die erste Ehe und gleich ein Kind, und nach der Scheidung gleich mit dir zusammen. Ich hatte nie allein gelebt. Auch das muß man lernen. Ich hätte nicht gedacht, daß es mir so schwerfällt. In den ersten Wochen bin ich fast verrückt geworden. Ich bin den ganzen Tag durch das Haus gelaufen und habe ganz unsinnige Dinge angestellt. Ich kam überhaupt nicht mehr zum Arbeiten. Alle paar Tage habe ich das Dach kontrolliert und den Keller und die Türschlösser. Alles machte mir angst. Ich fürchtete sogar, daß die Gasflasche in der Küche leck ist oder explodieren könnte. Aber das ist, gottlob, vorbei. Jetzt bin ich sehr zufrieden. Es ist sehr schön so. Ich lebe jetzt viel besser. Weißt du, Rudi, jetzt verwöhne ich mich. Früher habe ich immer die Männer verwöhnt und meine Tochter, und jetzt bin ich mal dran. Ich wußte gar nicht, wie schön das Leben sein kann, wenn man nur für sich zu sorgen hat. Wenn man sich nicht immerzu für andere aufopfern muß. Die einem zum Dank ins Gesicht spucken. Es ist schön, allein zu sein. Mir geht es hervorragend.

KRAPPMANN:

Du siehst auch sehr gut aus, Anna.

ANNA:

Ich will allein im Haus wohnen. Ich werde schon nervös bei dem Gedanken, daß einer einzieht.

KRAPPMANN:

Und das Haus, wird dir das nicht zuviel?

ANNA:

Du würdest dich wundern, was ich alles kann. Ich habe schon Dachziegel allein ausgewechselt und auch verschmiert. Ein Haus ganz für sich allein, das ist wunderbar zum Arbeiten. – Ich hole uns den Tee. *Geht ab.*

KRAPPMANN:

Aber ich brauche dich, Anna. Ich kann ohne dich nicht leben. Ich kann ohne dich nicht arbeiten. Ich geh kaputt ohne dich, ganz langsam gehe ich kaputt.

ANNAS Stimme:

Hast du etwas gesagt?

KRAPPMANN *ruft*:

Nein, nein.

ANNA *tritt auf mit Teegeschirr:*
Hattest du etwas gesagt? Ich habe dich nicht verstanden.
KRAPPMANN:
Ich habe in Berlin Susan gesehen. Sie hat mich besucht. Es war ein schöner Nachmittag mit ihr. Sie wirkt ganz stabil und ausgeglichen.
ANNA:
Es war richtig, daß sie zu meinen Eltern gezogen ist. Sie muß ihr Abitur machen, und hier draußen langweilt sie sich nur. Das Gymnasium in Berlin ist für sie sicher geeigneter als ihre alte Schule. Auf jeden Fall ist es besser, wenn wir zwei uns nicht zu dicht auf der Pelle hocken. Wenn Susanne mich jetzt besucht, verstehen wir uns hervorragend. Ich bin dann eine wunderbare Mutter, sie ist eine wunderbare Tochter. Wir zanken uns nicht, wir schreien uns nicht mehr an. Mutter und Tochter, wie im Bilderbuch. *Sie gießt Tee ein.*
KRAPPMANN:
Zeigst du mir deine neuen Bilder?
ANNA:
Ich weiß nicht, Rudi. – Setz dich. Nimmst du Zucker? – Beim letzten Mal hast du eins meiner Bilder mit Rotwein begossen und mir dann eine Ohrfeige gegeben. Ich weiß wirklich nicht, ob ich dir meine Bilder zeigen sollte.
KRAPPMANN:
Das ist ewig her.
ANNA:
Das ist anderthalb Jahre her.

KRAPPMANN:

Das ist vorbei. Ich habe mich völlig im Griff.

ANNA:

Und ich werde es nicht vergessen. Nimm dir Zukker.

KRAPPMANN:

Mein Gott, Anna, wir haben uns eine Ewigkeit nicht mehr gesehen. Du hast gesagt, ich soll hier nicht auftauchen, und ich habe mich daran gehalten. Das ist mir schwergefallen, Anna, sehr schwer. Ich liebe dich nämlich. Ich bin nicht zufällig mit dir verheiratet. Freust du dich überhaupt nicht, daß ich gekommen bin?

ANNA *zögernd*:

Ja, ich freue mich.

KRAPPMANN:

Das läßt du dir aber nicht anmerken.

ANNA:

Das hat seine Gründe.

KRAPPMANN:

Ich kann auch gleich wieder gehen. Willst du das?

ANNA:

Trink deinen Tee, und dann mach, was du willst. Übernachten kannst du allerdings nicht. Dafür ist das Haus nicht groß genug. Nicht mehr.

KRAPPMANN:

Wie groß dieses Haus ist, das weiß ich sehr genau. Ich habe fast zwei Jahre lang an diesem Haus gebaut. Ich habe zwei Jahre lang meine Arbeit völlig vernachlässigt, um dieses Haus wieder in Ordnung zu bringen. Hier wirst du kaum noch ein

Brett oder einen Nagel finden, die nicht von mir stammen. Diese Mauer habe ich allein hochgezogen, ganz allein. Und ich habe sie auch allein verputzt. Und die Veranda, deine geliebte Veranda –

ANNA:

Ich weiß, Rudi. Und das Haus weiß es auch, was es dir verdankt. Aber wir haben uns damals geeinigt. Du hast die Wohnung in Berlin genommen und ich das Haus. Damals warst du einverstanden. Aber, bitte, wenn ich noch etwas abzuzahlen habe, sags mir.

KRAPPMANN:

Nein, so ist es nicht gemeint.

Es fallen zwei Schüsse, Anna zuckt zusammen und wird nervös.

ANNA:

Entschuldige mich einen Moment. *Sie geht ins Haus und kommt sofort zurück.* Entschuldige. Ich habe nur nach Frosch gesehen. Ich hatte Angst, er wäre hinausgelaufen, und man hätte auf ihn – Ich fürchte, man erschießt ihn mir eines Tages. Ich laß ihn gar nicht mehr allein raus. Das ist zwar völlig unsinnig hier draußen, aber man hat schon einmal auf ihn geschossen. Ich habe mich beschwert und mußte mir anhören, daß ich mich eines Vergehens schuldig machte, weil ich das Tier in der Natur frei umherlaufen ließ. Stell dir das vor. Und sie schießen und schießen. Es ist ein Naturschutzgebiet, wieso ist es da erlaubt, herumzuschießen?

KRAPPMANN:

Beruhige dich, Anna. *Er umarmt und streichelt sie.* Irgendwann ist es vorbei. Die Jagdsaison muß ja mal zu Ende sein. Ich kann mich erkundigen, wenn du es wünschst.

ANNA:

Es war so schön, als wir hierher kamen. Und als wir dann das leere Haus entdeckten und kaufen konnten. Mein Gott, wir haben Tag und Nacht gearbeitet, um es wieder herzurichten. Es war anstrengend, aber es war wunderbar. Und jetzt geht alles kaputt. Ich möchte nicht weggehen, aber ich habe Angst. Ich habe Angst um Frosch. Ich habe Angst, daß sie mir den Hund erschießen. Ich bekomme Herzjagen, wenn ich einen Jäger sehe. Und dann die Grenzbeamten. Letzten Sonntag sind sie früh um vier mit einem Jeep durch das Tal gefahren, immer an meinem Haus vorbei, immer wieder. Es macht mir angst. Und auch die Flüchtlinge machen mir angst. Sie tun mir leid, aber ich kann ihnen nicht helfen, und ich fürchte mich vor ihnen. Manchmal bereue ich es, daß wir das Haus gekauft haben. Es ist so schön, und ich lebe gern allein, aber die Grenze und die Jäger machen mir alles kaputt. Vielleicht sollte ich es verkaufen und mir woanders etwas suchen. Aber ich hänge an diesem Tal. Und noch mal ein Haus wiederaufzubauen oder zu kaufen, dazu fehlt mir die Kraft und auch das Geld.

KRAPPMANN:

Beruhige dich, Anna.

ANNA:

Setzen wir uns und trinken wir den Tee. – Wo hast du eigentlich dein Auto? Ich hatte dich gar nicht kommen hören.

KRAPPMANN:

Das wollte ich dir noch sagen. Ich hatte eine Panne, irgend etwas mit der Benzinpumpe. Ich mußte mich die letzten Kilometer abschleppen lassen. Das Auto steht im Dorf, bei Gurske. Er hat mir versprochen, es bis morgen zu reparieren.

ANNA:

Bis morgen? Und wo willst du übernachten?

KRAPPMANN:

Ich kann mir im Dorf kein Zimmer nehmen. Wegen dir. Die Leute würden sich das Maul über dich zerreißen. Und für die eine Nacht, dachte ich, wird es gehen.

ANNA:

So? Dachtest du?

KRAPPMANN:

Anna, ich bitte dich.

ANNA:

Ist dein Auto tatsächlich kaputt, Rudi? – Nein, ich werde nicht weggehen. Wieso soll ich mich vertreiben lassen. Es ist mein Haus, ich habe ein Recht darauf, hier zu leben.

KRAPPMANN:

Es wird kühl. Und dunkel. Wollen wir nicht ins Haus gehen?

ANNA:

Nein, noch nicht. Jetzt kommt Gottseidank langsam der Sommer, dann sitze ich die halbe Nacht wieder auf der Veranda und schaue übers Tal. Das ist mein Fernsehen.

KRAPPMANN:

Soll ich die Lampe anmachen?

ANNA:

Nein. Bitte nicht.

KRAPPMANN:

Ich hole mir meine Jacke, mir wird kühl. Soll ich dir eine Strickjacke rausholen oder ein Tuch? *Er steht auf.*

ANNA:

Danke, nein.

KRAPPMANN:

Warte mal. *Ruft.* Hallo! Ist dort jemand? – Dort hinten läuft jemand. Ich höre es doch. – Hallo! Wer ist da?

ANNA:

Das werden die Jäger sein, die du vorhin gesehen hast, Voß und der vom Bundesgrenzschutz. Sie fahren den Plattenweg lang und lassen ihre Autos dort stehen, wo früher der Laufgraben begann. Dann gehen sie zu Fuß. Sicher nicht, um den Waldboden zu schonen, sondern nur, um das Wild nicht zu vertreiben.

KRAPPMANN *ruft*:

Herr Voß!

ANNA:

Laß sie. Laß sie gehn, zum Teufel.

KRAPPMANN:

Ich hol mir meine Jacke. Wollen wir nicht ein Glas Wein trinken? Auf unser Wiedersehen?

ANNA:

Nein, Rudi. Ich habe auch gar keinen Wein im Haus. Ich kann dir nur Apfelsaft anbieten.

KRAPPMANN:

Ich habe eine Flasche Whisky mit. Kann ich dich zu einem Whisky einladen? Whisky hast du doch früher gern getrunken. Früher, als es mit uns beiden noch gutging.

ANNA:

Trägst du die Flasche jetzt schon mit dir herum, Rudi? Du machst Fortschritte. Immer eine kleine Taschenflasche bei dir, ja? Und jetzt ist es wieder für dich Zeit, einen Schluck zu nehmen?

KRAPPMANN:

Dummes Zeug. Ich habe eine Flasche gekauft, weil du früher gern ein Glas Whisky getrunken hast. Mit Wasser, eins zu drei, und ohne Eis, so war es doch, Anna. Ich habe ihn für dich gekauft. Es sollte ein Geschenk sein. Ich ahnte nicht, daß es nur wieder ein Anlaß wird, uns zu streiten. Vergiß es. Vergiß es einfach. Vielleicht kann ich in der Scheune übernachten.

ANNA:

Warum weigerst du dich, eine Entziehungskur zu machen?

KRAPPMANN:

Ich bin kein Alkoholiker, Anna. Ich trinke manchmal einen Schluck, ja, das machen Hunderttausende. Deshalb bin ich doch noch kein Alkoholiker. Versuche mir nichts einzureden. Man kann einen Menschen auch krank reden. *Er geht ins Haus, kommt mit seiner Jacke zurück und zieht sie an, aus der Tasche nimmt er eine Flasche heraus und stellt sie auf den Tisch.* Bitte. Das war für dich. Wenn du nichts trinken willst, stell sie weg.

ANNA:

Sie ist schon angebrochen, Rudi. Die Flasche ist schon angebrochen.

KRAPPMANN:

Ja, entschuldige. Aber als ich die Panne hatte, war ich so wütend, daß ich einen Schluck brauchte.

ANNA:

Und morgen fährst du wirklich ab?

KRAPPMANN:

Ja. Eigentlich müßte ich schon heute abend wieder in Berlin sein. Ich habe einen Termin.

ANNA:

Wenn ich mich darauf verlassen kann?

KRAPPMANN:

Es geht mir nicht gut, Anna. Ich vertrage es nicht, allein zu leben.

ANNA:

Ich weiß. Aber ich kann dir nicht helfen. Wir haben es fünf Jahre miteinander versucht. Das möchte ich nicht noch einmal durchmachen. – Jetzt wird mir auch kalt. Gehen wir ins Haus. Nimm du nur deine Flasche, ich nehm das Teegeschirr. Und mach bitte das Licht auf der Terrasse an.

KRAPPMANN:

Warum soll ich es jetzt anmachen?

ANNA:

Ich lasse das Licht auf der Terrasse über Nacht brennen. Wegen der Flüchtlinge.

KRAPPMANN:

Damit lockst du sie an.

ANNA:

Nein, ich denke, ein völlig dunkles Haus lockt sie eher an. Die Lampe soll sie abhalten.

KRAPPMANN:

Und was machst du, wenn sie trotzdem kommen? Was machst du, wenn sie bei dir vor der Tür stehen?

ANNA:

Ich weiß es nicht. Ich würde ihnen gern helfen, aber ich kann es nicht. Ich hoffe, sie kommen nicht zu mir. Ich hätte Angst. Ich habe Angst.

4. SZENE

In der Lounge eines Hotels in Berlin.
Fred P. Paul, Peter Stadel.

PAUL:

Hat es Ihnen geschmeckt, Herr Stadel?

STADEL:

Ausgezeichnet.

PAUL:

Tatsächlich? Vielleicht sollte ich auch etwas essen? Wenn Sie noch etwas bestellen wollen, bitte. Sie heißen Peter mit Vornamen? Sie haben doch nichts dagegen, wenn ich Sie Peter nenne? Sehr schön. Du gefällst mir, Peter. Ich mag Burschen mit Energie und Durchsetzungsvermögen. Die ganze Natur, alles um uns herum, das ist Kraft. Seit Jahrhunderten, seit Jahrtausenden, Gewalt und Wille. Alles andere geht kaputt, ist nicht lebensfähig. Ich liebe Männer mit Kraft, ich brauche sie. Ich möchte, daß du für mich arbeitest. Ich brauche Männer von hier, aus den neuen Ländern. Ich will nicht meine Burschen aus Köln hierher schicken. Hier will ich Leute, die aus diesem Boden kommen, die in der ostdeutschen Scholle wurzeln. Bist du mein Mann, Peter?

STADEL:

Ich weiß nicht. Ich weiß nicht, was du von mir willst?

PAUL:

Nenn mich Herr Paul oder Fred oder Fred P. Paul oder Chef oder Boß oder wie du willst. Aber duze mich nicht, Peter.

STADEL:

Aber ich dachte –

PAUL:

Schon falsch, Peter. Ganz falsch. Verstanden?

STADEL:

Verstanden, Chef.

PAUL:

Gut. Ich wußte, du bist mein Mann. Was ich verlange, Peter, das sind nur zwei Dinge: du mußt okay sagen, wenn ich dir etwas sage, und du mußt loyal sein. Das ist alles. Ist das schwer?

STADEL:

Nein. Es klingt nicht sehr schwer.

PAUL:

Wenn ich sage, spring, mußt du springen. Das muß zwischen uns beiden völlig klar sein. Verstanden?

STADEL:

Verstanden.

PAUL:

Noch ein Bier, Peter? Oder einen Kaffee?

STADEL:

Danke, nein.

PAUL:

Und wenn ich dir sage, du schwörst einen Eid, was wirst du dann tun?

STADEL:

Wenn Sie es sagen, werde ich schwören.

PAUL:

Fein. Und jetzt werden wir zusammen einen Anzug für dich aussuchen.

STADEL:

Einen Anzug?

PAUL:

Ich kaufe meinen Jungs immer einen Anzug. An dem Tag, an dem ich sie einstelle, suchen wir gemeinsam einen Anzug aus. Das verbindet. Was dagegen, Peter?

STADEL:

Nein, Chef. Soll das heißen, ich habe den Job?

PAUL:

Natürlich. Noch Fragen?

STADEL:

Ich weiß so wenig von Ihnen. Ich weiß im Grunde genommen überhaupt nichts von Ihnen. Sie sind Anwalt, aber wen vertreten Sie? Was ist Ihre Arbeit?

PAUL:

Gute Frage. Ich vertrete meine Klienten. Das ist meine Arbeit. Meine Klienten haben Wünsche, und ich sage okay, und ich bin loyal und diskret. Und ab und zu arbeite ich auf eigene Rechnung. Das ist alles. Zufrieden?

STADEL:
Ich glaube, ich verstehe.
PAUL:
Gut.
STADEL:
Und was wissen Sie von mir? Wissen Sie überhaupt etwas von mir?
PAUL:
Ich habe dich ausgesucht, weil du nicht auf den Kopf gefallen bist. Und weil du ein Patriot bist, ein deutscher Patriot. Du bist doch ein Patriot, Peter?
STADEL:
Ein Patriot? Vielleicht. Ich denke schon. Aber Sie sollten wissen, es gibt da unterschiedliche Meinungen über mich, über meine Vergangenheit.
PAUL:
Was willst du mir sagen, Peter?
STADEL:
Sie sollten wissen, daß ich früher für die Sicherheit gearbeitet habe.
PAUL:
Du hast eine Spezialkampfgruppe geführt, ist das richtig?
STADEL:
Ja, die Glatzen, eine mobile und zivile Eingreifgruppe. Wenn wir zum Einsatz kamen, dann an vorderster Front. Und ohne Rückendeckung. Wir traten ja nicht als militärische Einheit auf.
PAUL:
Eine Skinhead-Truppe? Alles junge Leute, Kraft und Wille, ja?

STADEL:

Eine verschworene Gemeinschaft. Ich hatte nie Probleme, auch heute nicht. Ich habe die Gruppe aufgelöst und alle ordentlich verabschiedet. Und bis heute hat nie einer geplaudert. Keiner hat einen Kameraden irgendwie hereingeritten. Gemeinschaftsgeist vor Eigennutz, das galt damals, das gilt heute.

PAUL:

Patrioten, Peter. Das meine ich. Es war der falsche Staat, für den ihr gekämpft habt, aber gekämpft habt ihr wie Patrioten. Darum habe ich dich engagiert. Ich brauche dich. Deutschland braucht Patrioten. Wir stehen vor einem Scheideweg, Humanismus oder Patriotismus. Deutschland muß sich entscheiden. Europa muß sich entscheiden. Was ist Humanismus? Das ist eine Krankenversicherung. Die Natur, Peter, kennt keinen Humanismus. Humanismus, das ist eine Erfindung von Schwächlingen. Es ist widernatürlich. Natur, das heißt Kampf und Sieg oder Tod. Und es heißt nicht Versicherung. Wirkliches Leben läßt sich nicht versichern. Und du mußt dich entscheiden, Peter, willst du dich gegen alles versichern oder willst du leben? Kraft oder Mitleid, da muß sich Deutschland entscheiden. Wir werden Europa bauen, meine Generation und deine, und wir werden das durchsetzen, was wir wollen. Europa, ein Krankenhaus, willst du das? Eine kontinentale Sozialpflegestation für die dritte Welt? Die deutsche Kultur und die europäische Kultur sind sehr viel älter als dieser schwächliche Humanismus. Älter und kräftiger. Verstehst du nun, warum ich dich ausgesucht habe? Kündige alle deine Versicherungen auf, Peter. Und beginne zu leben. Lebe.

STADEL:

Ich denke, ich bin der richtige Mann für Sie, Chef.

PAUL:

Was sagst du? Warte einen Moment. *Er nimmt sein Hörgerät ab und wechselt schweigend die Batterien aus.* Ich bin völlig taub ohne dieses Gerät. Und nur weil es solche Apparate gibt, bin ich noch nicht tot. Ein tauber Mann, das ist nicht lebensfähig. Gäbe es nicht diese kleinen Apparate, ich hätte mich längst aus der Welt geschafft. Hast du den Pilotenschein?

STADEL:

Nein, aber ich bin schon selbst geflogen.

PAUL:

Gut. Du wirst den Pilotenschein machen. Meine Burschen müssen mobil sein. Melde dich bei einem Pilotenkurs an, gleich morgen. Ich bezahle alles.

STADEL:

Okay, Chef, ab morgen Flugausbildung. Ich habe Freunde, die im Geschäft sind und mir helfen können, Freunde, wo ich das preiswert bekomme.

PAUL:

Fein. Du gefällst mir. Glaubst du an Gott, Peter?

STADEL:

An Gott?

PAUL:

Irgendeine Religion? Nichts, gar nichts? Von mir aus die Heiligen der letzten Tage oder die Zeugen Jehovas. Irgend etwas.

STADEL:

Das war nicht eben üblich bei uns. Religion galt bei der Firma nicht eben als empfehlenswert.

PAUL:

Das waren wirklich Arschlöcher! Denke darüber nach, Peter. Ich selbst bin tiefgläubig, Katholik. Und wir sehen es gern, wenn unsere Jungs zu einer Kirche gehören. An Gott glauben hält dich von der Bank der Spötter fern und macht demütig. Das ist die richtige Mischung: stolz in der Welt und demütig vor Gott.

STADEL:

Ich weiß nicht. Sie machen mich verlegen.

PAUL:

Denk darüber nach, Peter. Rotpeter. *Zu einem Kellner.* Bringen Sie zwei Kaffee, zwei Kannen Kaffee. *Er holt Akten aus einer Mappe.* Und nun zum Thema. Kennst du den Tollensesee?

STADEL:

Ja.

PAUL:

Alt Rehse.

STADEL:

Nein.

PAUL:

Ein Allodialgut, fünfhundert Hektar. Ein Gutspark mit mehreren Fachwerkhäusern. Bei den

Papieren sind ein paar Fotos. Es scheint alles in einem guten Zustand zu sein, aber schau es dir an. Es war die Charakterschule der deutschen Ärzteschaft, Eigentum des Hartmannbundes seit 1933. Wir übernehmen es wieder, es ist schließlich unveräußertes Eigentum. Rechtlich kein Problem, es war immer unser Eigentum. Das erledige ich von Köln aus. Aber ich brauche einen Mann vor Ort. Das ganze Gelände soll wieder etwas vom Atem der alten Charakterschule bekommen. Wir wollen dort eine Akademie des Geistes schaffen, des Idealismus, des Patriotismus. Wir haben eine große deutsche Kultur, und wir haben eine große europäische Kultur, und darum müssen wir die Raffkes und Geschäftemacher fernhalten. Schau dir die Papiere an, fahr rauf, und sieh dir alles an. Und dann mach mir ein paar Vorschläge. Komm in zwei, drei Wochen zu mir nach Köln und leg mir deinen Plan vor.

STADEL:

Was habe ich dort zu tun, Chef? Soll ich das Objekt aufbauen und leiten?

PAUL:

Das Objekt?

STADEL:

Die Ärzteschule.

PAUL:

Nein, Peter, das wirst du ganz gewiß nicht tun. Dafür wird man einen Arzt oder einen Juristen aussuchen, möglichst aus den neuen Ländern, möglichst unbelastet, vielleicht aus der Bürgerbewegung. Unbelastet, verstehst du, Peter? Du wirst mit ihm zusammenarbeiten. Du bist mein Mann.

Der Kaffee wird serviert.

Ich glaube, ich sollte noch etwas essen, bevor ich zurückfliege.

5. SZENE

Veranda des Wohnhauses in der Randow.
Anna Andress, Robert Kowalski.

ANNA:
Was wollen Sie?

KOWALSKI:
Nichts. Gar nichts, Frau. Ich wollte Sie nicht erschrecken. Ich gehe nur spazieren.

ANNA:
Seit einer halben Stunde laufen Sie um mein Haus herum und starren mir in die Fenster.

KOWALSKI:
Es ist ein sehr schönes Haus. Hier läßt sichs leben. Und so ganz allein, Frau. Das ist nicht ungefährlich. In diesen Zeiten, und so dicht an der Grenze.

ANNA:
Ich bin nicht allein. Und einen Hund habe ich auch.

KOWALSKI:
Ich habe ihn nicht gesehen. Und angeschlagen hat er auch nicht. Aber ich habe keine Angst vor Hunden. Ich kann mit Hunden umgehen, mit jedem Hund. Daheim bin ich berühmt dafür, daß ich mit Hunden umgehen kann. Ich habe die tückischsten Biester abgerichtet.

ANNA:

Was wollen Sie von mir?

KOWALSKI:

Ich gehe nur spazieren. Aber Ihr Haus fiel mir auf. Es liegt so schön. Haben Sie nicht ein Zimmer zu vermieten?

ANNA:

Ein Zimmer? Nein.

KOWALSKI:

Nur für ein paar Monate. Ich komme aus der Nähe von Lüneburg, Lüneburger Heide, wissen Sie. Ich bin versetzt worden. In ein paar Monaten bekomme ich ein eigenes Haus, dann kann ich die Frau nachkommen lassen. Bis dahin wohne ich im Dorf zur Untermiete. Das ist nicht sehr komfortabel. Aber vor allem fehlt mir die freie Natur. Ich brauche Luft um mich herum. Wahrscheinlich sind Sie wie ich. Allein sein, unabhängig, wie die wilden Hunde. Wir sind die starken Menschen, die sich nirgends anlehnen müssen. Einsam und ungebunden, aber stark. Habe ich nicht recht?

ANNA:

Ich weiß nicht. Es klingt so pathetisch.

KOWALSKI:

Wollen Sie mir nicht ein Zimmer vermieten? Nur für sechs Monate?

ANNA:

Nein. Ich liebe die Einsamkeit. Wie die wilden Hunde.

KOWALSKI:

Ich würde Sie nicht stören. Ich bin den ganzen

Tag unterwegs. Ich brauche nur einen Platz zum Schlafen. Und Sie könnten sicherer leben. Es ist nicht ungefährlich. Den Brand heute morgen haben Sie sicher gesehen.

ANNA:

Ich hörte die Sirenen und die Feuerwehr, sie haben mich geweckt. Und dann sah ich den Rauch. Ungewöhnlich, ein Brand früh um sechs. Das Tal war noch feucht vom Morgentau, und da entzündet sich ein Kornfeld. Merkwürdig. Es war viel Rauch, aber ich sah gleich, daß es hinter dem Hügel war. Und die Sirenen und die Feuerwehren, das klang für mich beruhigend. Aber ich hörte, es soll jemand verbrannt sein.

KOWALSKI:

Ja, zwei Tote, ganz entsetzlich.

ANNA:

Zwei Tote. Und ich habe es direkt gesehen.

KOWALSKI:

Sie haben es gesehen? Was haben Sie gesehen? Sie haben die beiden Toten gesehen? Als sie tot waren, oder?

ANNA:

Nein, den Brand. Den Brand habe ich gesehen. Heute morgen.

KOWALSKI:

Ja, natürlich. Sie wohnen ja dicht bei. Es ist schrecklich. Ich habe dienstfrei und wollte mir das abgebrannte Feld ansehen. Und da dachte ich mir, wenn ich schon in der Nähe bin, daß ich bei Ihnen vorbeischaue und mal nach dem Zimmer frage.

ANNA:

Ich will nicht vermieten.

KOWALSKI:

Ich frage nur, weil, nun im Dorf erzählt man, daß Sie das Haus verkaufen und wegziehen.

ANNA:

Unsinn. Wer erzählte das?

KOWALSKI:

Ach, Sie wissen, was man so hört, beim Bäcker, in der Kneipe. Ich weiß nicht, ob es stimmt.

ANNA:

Es stimmt nicht. Ich habe überhaupt nicht vor wegzugehen.

KOWALSKI:

Wie auch immer, falls Sie aber tatsächlich das Haus verkaufen wollen, denken Sie an mich.

ANNA:

Ich habe es nicht vor.

KOWALSKI:

Verstehen könnte ich Sie, wenn Sie das Haus aufgeben. Als Frau, so einsam, so dicht an der Grenze, kein Nachbar weit und breit. Und dann die Asylanten und die Illegalen. Als Frau ist man sich da seines Lebens nicht sicher.

ANNA:

Hören Sie auf. Ich verkaufe nicht.

KOWALSKI:

Vielleicht überlegen Sie es sich noch. Darf ich noch mal wiederkommen und Sie nach dem Zimmer fragen?

ANNA:

Sie sind hartnäckig.

KOWALSKI:

Ja, das steckt mir im Blut. Das sind die Vorfahren. Alles Bergleute, die Kowalskis, Bergleute aus dem Ruhrgebiet.

ANNA:

Der Name klingt polnisch.

KOWALSKI:

Ja, sicher. Mein Urgroßvater kommt aus Schlesien. Eine starke Rasse.

ANNA:

Ich würde Sie gern zeichnen.

KOWALSKI:

Was wollen Sie?

ANNA:

Falls Sie etwas Zeit haben, würde ich gern eine Skizze von Ihnen machen.

KOWALSKI:

Von mir? Ich bin nicht rasiert.

ANNA:

Das ist nicht so wichtig. Ihr Schädel interessiert mich.

KOWALSKI:

Wenn Sie wollen, ich habe Zeit. Was muß ich machen?

ANNA:

Setzen Sie sich einfach da hin, das ist alles.

KOWALSKI:

Darf ich mich bewegen?

ANNA:

Natürlich. Erzählen Sie etwas.

KOWALSKI:

Was soll ich erzählen?

ANNA:

Erzählen Sie etwas von sich.

KOWALSKI:

Mein Name ist Robert Kowalski. Aber das sagte ich Ihnen ja schon. Robert Kowalski, oder ganz einfach Bob. Ich bin nicht für Formalitäten, ich bin ein einfacher Mensch. Leben und leben lassen, das ist meine Devise. Ich habe Sie hoffentlich nicht erschreckt. Es ist so einsam, da erschrickt man leicht bei einem unvorhergesehenen Ereignis. Und ein fremder Mensch in dieser Einsamkeit ist immer ein unvorhergesehenes Ereignis, nicht wahr. Oder der Brand heute morgen, auch unvorhergesehen. Eine Feuerwehr in der Stadt, das ist etwas ganz Gewöhnliches. Aber wenn die Sirenen hier draußen aufjaulen, ist das ein anderer Vorfall. Viel gewalttätiger. Jedenfalls für Menschen wie Sie, die so einsam wohnen. Ich vermute, Sie wollen so abgeschieden wohnen. Ich kann Sie gut verstehen, ich bin auch ein Mensch, der gern für sich ist. Wenn man die Menschen kennt, will man allein sein. Ich habe immer allein gewohnt. Mit meiner Frau natürlich und den Kindern. Aber die sind erwachsen und aus dem Haus gegangen. Jetzt lebe ich nur noch mit meiner Frau. Und auch das nicht einmal, denn hier bin ich ganz allein. Ich habe daheim ein Haus in der Heide, ein sehr schönes Haus, und ich wäre dort gern wohnen geblieben. Aber nun gibt es dort keine Grenze mehr, und ich wurde versetzt. Ich bin ungern weggezogen. Vier Jahre habe ich an dem Haus gebaut und muß es nun plötzlich aufgeben. Nur weil die Mauer fiel und eine Grenze über Nacht keine Grenze mehr war. Für mich gab es nur zwei Möglichkeiten, den Beruf wechseln oder mich zum Grenzschutz Ost versetzen lassen. Ich bin sechsundfünfzig Jahre, da wechselt man nicht den Beruf. Und ich habe dreiunddreißig Berufsjahre, die gibt man nicht so einfach auf, so kurz vor der Pensionierung. Mit den Leuten komme ich zurecht. Im Grunde ist es der gleiche Menschentyp wie bei mir daheim. Es sind Bauern, und mit Bauern verstehe ich mich. Man redet nicht viel, und man geht sich aus dem Weg, das war bei uns nicht anders. Nur die Arbeit ist etwas mehr geworden, das ist der Nachteil einer offenen Grenze. Wenn wir damals einen Grenzgänger, einen Zonenflüchtling im halben Jahr hatten, war das viel. Aber heute habe ich jede Woche ein paar Asylanten. Wir haben zwar jetzt Radar und Wärmebildgeräte, aber die huschen über dic Grenze, hast du nicht gesehen. Dann können wir Greif-im-Walde spielen, die ganze Nacht. Mit meinen Beamten bin ich zufrieden. Sie arbeiten und lassen sich nichts zuschulden kommen. Die meisten waren auch früher schon an der Grenze, beim Zoll oder beim Grenzschutz der Ostzone. Die unteren Ränge haben wir ja übernommen, etwas zurückgestuft, aber übernommen. Ich kann mich, wie gesagt, nicht beklagen. Ich weiß nicht, was da früher war. Wenn man sie nicht fragt, reden sie nicht darüber. Kommst du aber mit einem ins Gespräch, dann erzählt er dir wie ein Wasserfall. Ich weiß nicht, was ich davon halten soll, ich kenn mich da nicht aus. Aber man hat ja alle überprüft, darauf verlasse ich mich. Ich will nur meinen Dienst machen, die paar Jahre noch bis zur Pension. Und dann werde ich mich nur noch um die Jagd und um meine Hunde und Tauben kümmern. Ich weiß nicht, ob Sie das verstehen können, aber mehr will ich nicht vom Leben. Ich bin nie viel verreist. Die Frau wollte es, aber wenn man Tiere besitzt –

ANNA:

Ich bin fertig. Wollen Sie es sehen?

KOWALSKI:

Natürlich. Ich bin aufgeregt, aber das haben Sie sicherlich bemerkt.

ANNA:

Gefällt es Ihnen?

KOWALSKI:

Ja.

ANNA:

Es ist nur eine Skizze.

KOWALSKI:

So sehe ich also aus. – Ist das Bild verkäuflich? Ich würde es Ihnen gern abkaufen.

ANNA:

Nein, ich verkaufe es nicht. Aber in ein paar Tagen

kann ich es Ihnen schenken. Wenn Sie wollen, können Sie sich das Blatt in ein paar Tagen abholen.

KOWALSKI:

Gern. Danke. – Mein Schädel, sagten Sie, was interessiert Sie an meinem Schädel?

ANNA:

Ein paar Linien, die Flächen und Schatten.

KOWALSKI:

Und mit dem Zimmer, würden Sie sich das überlegen?

ANNA:

Ich glaube nicht, aber irgendwie gefallen Sie mir.

KOWALSKI:

Ich gefalle Ihnen? Sie gefallen mir auch. Sie gefallen mir sehr. Dabei weiß ich nicht einmal Ihren Namen.

ANNA:

Ich heiße Anna Andress.

KOWALSKI:

Gut, Frau Andress, dann komme ich in ein paar Tagen. Ich hole mir mein Bild ab und frage Sie dann noch mal wegen dem Zimmer. Bis bald. *Er geht zu ihr, faßt sie mit beiden Händen und zieht sie hoch.*

ANNA:

Was machen Sie? Lassen Sie das.

Er versucht sie zu küssen.

Lassen Sie mich los. Lassen Sie diesen Unsinn.

SUSANNE *tritt auf*:

Tag, mum.

ANNA:

Susanne, mein Kind. Wo kommst du denn her.

SUSANNE:

Ist Rudi auch da?

ANNA:

Er ist im Dorf. Er holt sein Auto ab. Es war kaputt.

SUSANNE:

Und wer ist der Typ? Dein neuer lover?

ANNA:

Ganz sicher nicht, meine Kleine. Bleibst du ein paar Tage bei mir, Susan?

SUSANNE:

Weiß nicht. Wir haben nur eine Woche Ferien.

KOWALSKI:

Ich melde mich. Wegen dem Bild und dem Zimmer. Auf Wiedersehen. *Er geht ab.*

ANNA:

Ja, gehen Sie endlich. – Komm, Susan. Willst du dich nicht erst einmal hinlegen? Wie bist du vom Bus hierher gekommen? Zu Fuß? *Sie geht mit ihr ins Haus.*

6. SZENE

In der Randow.
Ein Auto hält an. Bernd Voß und Rudolf Krappmann treten auf.

VOSS:
Jetzt sind es nur noch ein paar Schritte bis zu Ihrem Haus.

KRAPPMANN:
Vielen Dank. Nett, daß Sie mich mitgenommen haben.

VOSS:
Keine Ursache. Es lag ja auf meinem Weg. Ich hoffe, daß Gurske Ihr Auto bis morgen repariert hat. Ohne Auto ist man hier draußen verloren.

KRAPPMANN:
Ja.

VOSS:
Aber Sie haben ja noch den Wagen, mit dem Ihre Frau fährt.

KRAPPMANN:
Jaja.

VOSS:
Also dann. Ich muß weiter. Ich muß noch zur Polizeidirektion. Wegen dem Brand. Sie müssen ja alles ganz genau gesehen haben. War ja nur ein, zwei Kilometer von Ihrem Haus entfernt. Nur gut, daß die Flammen nicht ins Tal geschlagen

sind. Die Kiefern und Fichten, das ist alles knochentrocken, das hätte nur so gebrannt, Herr Krappmann, da hätten die Feuerwehren wenig ausrichten können. Und Ihr Haus, mein Gott, wir wollen gar nicht daran denken. Haben Sie den Brand gesehen?

KRAPPMANN:

Ja. Die Feuerwehrsirene hat mich geweckt.

VOSS:

Und Sie waren auch auf dem Feld?

KRAPPMANN:

Nein. Was sollte ich da?

VOSS:

Und waren Sie vorher auf dem Feld?

KRAPPMANN:

Vor dem Brand, meinen Sie?

VOSS:

Ja, heute in der Frühe.

KRAPPMANN:

Natürlich nicht. Was sollte ich da? Warum fragen Sie? Ich verstehe Ihre Frage nicht.

VOSS:

Hat keine Bedeutung.

KRAPPMANN:

Was habe ich auf dem Feld verloren? Ach, ich verstehe. Sie haben mich gestern mit einer Zigarette gesehen, und nun wollen Sie mir anhängen, daß ich früh um fünf auf ein Feld laufe, um es mit Zigarettenkippen in Brand zu setzen.

VOSS:

Nein, nein, Herr Krappmann, daran habe ich überhaupt nicht gedacht.

KRAPPMANN:

Da sind Sie auf dem Holzweg, mein Lieber. Ich war im Bett, bis mich die Feuerwehr weckte. Und dafür habe ich Zeugen. Auf diesem verdammten Feld war ich seit einem Jahr nicht mehr. Seit einem Jahr, Herr Voß.

VOSS:

Sie haben mich mißverstanden. Ich will Ihnen nichts anhängen.

KRAPPMANN:

Kommen Sie mir nicht so. Das habe ich schon gestern abend bemerkt, als Sie mit diesem Typen durchs Tal zogen, um hier rumzuballern.

VOSS:

Sie irren sich schon wieder, Herr Krappmann. Gestern haben wir nicht geschossen. Es war kein guter Tag für uns. Kein Wild zu sehen. Wir haben nicht geschossen. Drei Stunden umsonst auf Anstand, aber nicht einmal ein Hasenschwanz war zu sehen.

KRAPPMANN:

Na, wer da geschossen hat, ist mir egal. Aber mit dem Brand habe ich nichts zu tun. Und das kann ich beweisen, Herr Voß.

VOSS:

Das habe ich auch nicht behauptet. Sie sind selten zu sehen, Herr Krappmann.

KRAPPMANN:

Ich habe viel zu tun. Ich bin viel unterwegs.

VOSS:

Jaja. Ich habe schon zu meiner Frau gesagt: Ich habe den Herrn Krappmann lange nicht mehr gesehen. Seine Frau ist ja immer da. Wenn man am Abend am Haus vorbeikommt und das Licht brennt, es sind ja keine Gardinen an den Fenstern, da sieht man sie halt. Aber den Herrn Krappmann habe ich wohl ein ganzes Jahr nicht zu Gesicht bekommen. Daß man da nur nichts ist.

KRAPPMANN:

Schauen Sie den Leuten nachts in die Wohnung, Herr Voß? Sind Sie so einer?

VOSS:

Ach was. Was Sie auch denken.

KRAPPMANN:

Danke fürs Mitnehmen, Herr Voß.

VOSS:

Keine Ursache. Lag ja auf dem Weg. Dann einen guten Tag noch, ich werde mich mal auf den Weg machen. Das kann dauern bei der Polizei. Es ist ja eine scheußliche Angelegenheit.

KRAPPMANN:

Das muß die Versicherung bezahlen.

VOSS:

Den Brandschaden, gewiß. Aber die Leichen, die werden Ärger machen.

KRAPPMANN:

Von was reden Sie? Leichen? Was für Leichen?

VOSS:

Haben Sie das nicht gehört? Die Feuerwehr hat nach dem Löschen des Brands zwei Leichen auf dem Feld entdeckt. Sie sollen völlig verkohlt sein, was man so hört. Müssen wohl vom Feuer überrascht worden sein und es nicht mehr geschafft haben wegzukommen.

KRAPPMANN:

Zwei Tote.

VOSS:

So hörte ich.

KRAPPMANN:

Ein Pärchen? Ein Liebespärchen?

VOSS:

Noch weiß man überhaupt nichts. Die sollen regelrecht verkohlt sein. Ich weiß nicht, was man da noch feststellen kann.

KRAPPMANN:

Fürchterlich. Und direkt neben uns. Meine Frau ist ohnehin schon so nervös. Ich hoffe nur, daß es kein Liebespaar war. Irgendwie ist es ja egal, aber aus irgendeinem Grund wäre es mir lieber, wenn es kein Liebespärchen war.

VOSS:

Ein Liebespaar, ja, vielleicht. Oder illegale Asylanten. Rumänen, Zigeuner, die kommen ja von überall zu uns, verstecken sich. Eine scheußliche Angelegenheit. Schrecklich. Wissen Sie, Herr Krappmann, ich hoffe nur, ich muß mir die Leichen nicht anschauen. So verkohlt. Dann werde ich mal gehen. Ich will mal nach dem Feld schauen.

7. SZENE

Veranda des Wohnhauses in der Randow.
Anna Andress, Susanne Andress.

SUSANNE:

Was machst du hier draußen? Warum, zum Teufel, hast du dich in dieser Einöde versteckt? Mit wem redest du den ganzen Tag? Mit den Vögeln? Mit Frosch? Redest du tatsächlich mit dem Hund? Oder fängst du schon an, Selbstgespräche zu führen? Ich weiß nicht, wie du es schaffst, das ganze Jahr in dieser Einöde zu leben. Ich würde nach einer Woche wahnsinnig werden. Wirklich, ich weiß nicht, wie du das aushältst ohne Menschen, ohne Cafés, ohne Geschäfte. Ich brauche ein bißchen Lärm um mich herum, damit ich spüre, daß ich lebe.

ANNA:

Du hast dir doch meine Bilder angesehen. Gefallen sie dir nicht?

SUSANNE:

Sie sind wunderbar. Aber soll das eine Antwort sein? Das glaube ich dir nicht. Du hast auch wunderbar gemalt, als du noch jeden Tag in deinem alten Atelier in der Kastanienstraße gearbeitet hast.

ANNA:

Nein, das waren ganz andere Bilder damals. Ist

dir nicht etwas aufgefallen an meinen neuen Arbeiten?

SUSANNE:

Ich weiß nicht, mir gefallen sie einfach. Ich kann nicht so viel darüber reden. Sie sind schön, was soll ich noch sagen?

ANNA:

Sie sind viel heller. Die Farben sind heller, hast du das nicht bemerkt?

SUSANNE:

Ja, sicher. Sie sind irgendwie anders. Heller, ich weiß nicht. Ich kann es nicht so ausdrücken.

ANNA:

Das sind Mondscheinbilder, Susan. Ich habe sie nachts gemalt, bei Vollmond.

SUSANNE:

Du willst sagen, du malst jetzt deine Bilder bei Mondschein?

ANNA:

Nicht alle. Aber die, die du gesehen hast, ja.

SUSANNE:

Bei Mondschein? Schlafwandelst du?

ANNA:

Ach, Susan. Red keinen Unsinn. Hier lebe ich doch ein Stück näher an der Polarzone, das merkt man jetzt im Juni besonders. Die Mondnächte sind viel heller als in Berlin. So hell, daß ich draußen malen kann. Du kannst nachts keine Farben erkennen, man nimmt nur die Werte wahr, die Farbwerte. Das ist sehr eigenartig beim Arbeiten. Du siehst ein anderes Bild als am nächsten Morgen. Man wählt bei Mondlicht immer hellere Farben.

SUSANNE:

Das glaube ich dir. Das will ich dir alles glauben. Aber wenn du dich schon bei Mondlicht vors Haus setzt, brauchst du da wirklich nur deinen Farbkasten? Vermißt du nicht gelegentlich noch etwas? Einen Mann?

ANNA:

Werde nicht frech, Susan. Ich glaube nicht, daß dich das etwas angeht.

SUSANNE:

Aber gewiß. Gewiß geht mich das etwas an. Ich liebe dich, und ich möchte, daß du glücklich bist. Ich mache mir Sorgen um dich.

ANNA:

Du? Du machst dir Sorgen? Um mich?

SUSANNE:

Ja. Mir wäre es lieber, wenn du nicht ganz allein leben würdest. Du kannst in einem einsamen Haus nicht ohne einen Mann leben.

ANNA:

So. Was du nicht alles weißt.

SUSANNE:

Wie lange ist es her, daß du mit einem Mann geschlafen hast?

ANNA:

Wie lange – Das fragst du mich? Ich bin deine Mutter, Susanne. Ich weiß nicht, ob du mich zu fragen hast, wie lange –, also ob du das Recht hast, mich so etwas zu fragen.

SUSANNE:

Na, ich denke doch, wir beide sind aufgeklärt.

ANNA:

Ich bin deine Mutter.

SUSANNE:

Ja, und? Können wir zwei uns nicht normal unterhalten, nur weil du meine Mutter bist? Steht irgendwo geschrieben, daß sich Mutter und Tochter nicht wie normale Menschen unterhalten dürfen?

ANNA:

Es geht dich nichts an. Es geht dich einfach nichts an. Ich frage dich doch auch nicht, wann du und mit wem –

SUSANNE:

Ja, was denn? Was willst du denn fragen? Kannst du vögeln oder bumsen nicht einmal aussprechen? Du bist verklemmt, du bist rettungslos verklemmt. Deine ganze Generation ist so. Ihr habt euch alle für irgendeinen Scheiß interessiert. Ihr habt euch für irgendwelche heroischen Ziele eingesetzt, Widerstand und diesen ganzen politischen Quatsch, den in Wahrheit keiner braucht. Ihr habt in den Kirchen gesessen und diskutiert, Mahnwachen abgehalten mit Kerzen, habt Manifeste fabriziert, selbstgedruckte Blätter, die kaum zu lesen waren. Ihr wart politisch bewußte Leute, ich weiß, aber dabei habt ihr euch irgendwie verstümmelt. Eine degenerierte Generation, kann es sein, daß es so etwas gibt?

ANNA:

Es ist lächerlich, Susan. Es ist einfach lächerlich, wie du dich aufführst. Tu, was du willst. Vielleicht macht ihr das alles sehr viel besser. Ganz sicher werdet ihr alles sehr viel besser machen. Leb du dein Leben, aber laß mich leben, wie ich es für richtig halte.

SUSANNE:

Komm. Ich will doch nicht, daß wir zwei uns streiten. Komm her.

ANNA:

Rede nicht mit mir wie mit einem Kind. Dazu hast du kein Recht. Du bist meine Tochter. Tu also bitte nicht so, als sei es umgekehrt.

SUSANNE:

Okay. Bist du jetzt zufrieden?

ANNA:

Ich weiß nicht, was in dich gefahren ist. Wieso du darauf kommst, mich zu fragen, wann ich das letzte Mal mit einem Mann geschlafen habe. Vielleicht gilt es in deinen Kreisen als sehr locker, als leger, als cool, was weiß ich, die eigene Mutter danach zu fragen. Ich bin diesen Ton nicht gewohnt. Vielleicht bin ich verklemmt. Mein Gott, wer ist das nicht irgendwo. Aber ich bin zu alt, um mich noch zu ändern. Und du, meine Liebe, wirst mich ganz bestimmt nicht ändern.

SUSANNE:

Schon gut. Vergiß es. Vergiß es einfach.

ANNA:

Blöde Gans.

SUSANNE:

Dumme Kuh. – Setz dich hin, ich will mich auf deinen Schoß setzen, und du sollst mich festhalten. Wie damals.

ANNA:

Einfälle hast du. Manchmal bist du wirklich blöd, Susan.

SUSANNE:

Ich weiß. Ich bin ja deine Tochter. Und nun sag mir mal, lebst du wirklich monatelang allein?

ANNA:

Natürlich. Und es geht mir gut. Ich arbeite viel. Ich komme sehr gut zurecht, Kleines.

SUSANNE:

Ich würde verrückt werden. Ehrlich.

ANNA:

Sicher. Du bist siebzehn, ich bin deine alte Mutter, da gibt es einen Unterschied.

SUSANNE:

Nein, ich glaub es dir nicht. Ich glaub dir nicht, daß du so zufrieden bist, wie du mir einreden willst.

ANNA:

Dumme, kleine Musch. Sag mal, hast du einen festen Freund?

SUSANNE:

Ja.

ANNA:

Und –

SUSANNE:

Du willst wissen, ob ich mit ihm schlafe? Ja.

ANNA:

Und was sagt Oma dazu?

SUSANNE:

Oma? Die ist nicht so verklemmt wie du. Die hat nichts dagegen. Die wollte mir sogar sagen, wie ich es machen soll, damit ich nicht gleich schwanger werde.

ANNA:

Tatsächlich? Das überrascht mich. Bei mir war sie noch ganz anders.

SUSANNE:

Und sie findet Albert auch toll.

ANNA:

Albert heißt er. Bekomme ich ihn auch mal zu sehen?

SUSANNE:

Einverstanden. Feiern wir eine Fete. Ich lade Albert und ein paar Freunde ein. Für eine Nacht können wir doch zehn, zwölf Leute in dem Haus unterbringen. Oder?

ANNA:

Wenn du willst. Wie lange kannst du bei mir bleiben?

SUSANNE:

Ich weiß noch nicht. Ich dachte, so zwei, drei Tage. Wie lange will denn Rudi bleiben?

ANNA:

Er hat mir versprochen zu verschwinden, sobald sein Auto repariert ist.

SUSANNE:

Habt ihr noch was zusammen?

ANNA:

Ach, Kleines. Nein, wir haben nichts mehr zusammen.

SUSANNE:

Eigentlich schade. Ich habe ihn ganz gern. Nur der blöde Alkohol, sonst ist Rudi in Ordnung. Und der andere Typ, der bei dir war, als ich ankam? Auch nichts?

ANNA:

Du willst mich versorgen, wie, auf Teufel komm raus?

SUSANNE:

Einer muß sich ja um dich kümmern.

KRAPPMANN *tritt auf*:

Hallo, Susan. – Anna, ich habe etwas eingekauft, etwas Käse und Putenbrust.

ANNA:

Heißt das, dein Auto ist noch immer nicht in Ordnung?

KRAPPMANN:

Ich bin mit Voß zurückgekommen. Ich habe ihn noch auf das Feld begleitet. Wir waren dort, wo die Leichen lagen. Gesehen habe ich sie nicht mehr, aber die Feuerwehrleute sagten mir, daß die beiden nicht verbrannt sind. Man hat sie erschossen.

ANNA:

Erschossen?

SUSANNE:

Erzähl schon, Rudi. Wer hat sie erschossen? Und wer sind die beiden toten Männer? Leute aus dem Dorf?

KRAPPMANN:

Nein, es sind Ausländer, Türken oder Zigeuner, man weiß es noch nicht genau. Obwohl es heißt, sie hätten ein Dutzend Pässe bei sich, ein Dutzend verschiedener Pässe aus allen möglichen Ländern.

SUSANNE:

Und wer hat sie erschossen?

KRAPPMANN:

Keine Ahnung. Zwei Kopfschüsse. Sie müssen sofort tot gewesen sein.

ANNA:

Erschossen? Mein Gott.

SUSANNE:

Du darfst hier nicht bleiben, mum. Ich kann dich nicht allein lassen. Ich ängstige mich zu Tode um dich.

KRAPPMANN:

Susan hat recht, Anna. Das ist kein Haus für eine alleinstehende Frau.

SUSANNE:

Gib das Haus auf. Wenn ihr beide nicht miteinander klarkommt und nicht zusammen leben könnt, dann verkauf das Haus. Hier darfst du nicht allein leben.

KRAPPMANN:

Hast du keine Angst, Anna?

ANNA:

Ich habe fürchterliche Angst. Aber ich will es nicht aufgeben.

SUSANNE:

Du wirst dich doch nicht an ein blödes Haus

klammern. Das ist nicht das Leben. Und wenn die Leute so verrückt sind, sich gegenseitig in den Kopf zu schießen, sollte man einfach verschwinden.

ANNA:

Ich weiß nicht, ob ich das kann: einfach verschwinden. Vielleicht bin ich dafür zu alt.

SUSANNE:

Unsinn.

ANNA *zu Krappmann*:

Gib mir das Fleisch. *Sie nimmt ihm das Päckchen ab und geht ins Haus.*

8. SZENE

Anwaltsbüro in Köln. Später Abend.
Fred P. Paul.

PAUL *drückt eine Taste seines Telefons*:
Frau Bremer, schicken Sie mir Stadel rein. Und dann können Sie gehen. Wir sehen uns morgen um neun. Kommen Sie gut nach Haus.

Stadel tritt auf.

Setz dich, Peter. Du hast lange warten müssen, aber ich hatte den ganzen Tag über zu tun. Tut mir leid, du kannst halt erst morgen zurückfliegen. Besorg dir für heute ein Zimmer.

STADEL:
Ihre Sekretärin hat mir bereits –

PAUL:
Fein, in Ordnung. Was gibt es? Wo brennt es bei dir?

STADEL:
In Alt Rehse macht man Stimmung gegen uns, der Bürgermeister, das ganze Dorf. In der Lokalpresse erscheinen Artikel, in denen der ganze alte Kram noch einmal aufgekocht wird, der Verkauf durch die Nazis, die Rolle von Himmler und Bormann. Man nennt es die Ärzteschule der SS. Es heißt, der Hartmannbund und die Kassenärzt-

liche Vereinigung haben dort Ärzte für die Endlösung ausgebildet. Ich habe Ihnen alle Veröffentlichungen mitgebracht. *Er holt eine Akte hervor.*

PAUL:

Interessiert mich nicht. Leg das auf den Tisch.

STADEL:

Man will gegen die Rückgabe gerichtlich vorgehen.

PAUL:

Das ist nicht dein Problem. Das Verfahren läuft, restitutio ad integrum. Es ist unser Eigentum, das ist unstrittig. Ein Kompromiß kommt nicht in Frage, aber eine generöse Geste. Wir werden uns großzügig zeigen. Das ist längst vereinbart und perfekt, aber um all das mußt du dich nicht kümmern.

STADEL:

Himmler und Bormann wählten die Ärzte selbst aus, das ist die Wahrheit, nicht wahr? Am Tollensesee ging es um erbbiologische Forschung? Ausbildung in Euthanasie?

PAUL:

Das war die Sprache der Besatzer. So wurde das Allodialgut nach dem Krieg von den Siegermächten gewürdigt.

STADEL:

In den Zeitungen heißt es, die Reichsärzteführerschule war eine Schule für Mörder in weißen Kitteln. Dort gab es eine Ausbildung in Mord.

PAUL:

Mein Gott, Peter, das ist fünfzig Jahre her. Da

sind scheußliche Dinge passiert, sicher, aber das war vor dir und mir. Wir beide haben damit nichts zu schaffen. Heute wollen wir nur unser Eigentum zurück, ein paar Hektar Land, einige Immobilien. Nur, was uns gesetzlich zusteht, mehr nicht.

STADEL:

Dort wurden die SS-Ärzte für die KZ ausgebildet. Dort befand sich das Institut X. Wissen Sie, was Institut X bedeutet? Entwicklung bakteriologischer Waffen.

PAUL:

Schreckliche Geschichten. Fürchterlich. Ekelhaft.

STADEL:

Und das alles unter Leitung und Aufsicht des Hartmannbundes. Ein deutscher Ärzteverein trainierte dort die biologische Säuberung Europas.

PAUL:

Nein, Peter. Der Hartmannbund wurde mißbraucht. Unsere Restitutionsklage belegt es.

STADEL:

Ein Opfer des Faschismus?

PAUL:

So ist es. Das hast du hübsch gesagt. Ein Opfer des Faschismus, nennen wir es so, wenn das so wichtig für dich ist. Aber diese alten Geschichten werden dich doch nicht bekümmern. Was ist los mit dir? Ich erwarte, daß du mit ein paar Vorschlägen kommst, die etwas power haben. Die mir beweisen, daß du mein Mann bist. Und da kommst du mit diesen uralten Geschichten. Mit

Moral. Das ist nicht das, was ich von dir erwarte. Du enttäuschst mich, Peter. Müde geworden? Warum kommst du mir mit Stories aus der Nazizeit? Willst du mir einreden, daß dich diese uralten Geschichten bedrücken?

STADEL:

Ich bin Ihr Mann in Alt Rehse, richtig, Chef?

PAUL:

Richtig. In Alt Rehse und bei fünf weiteren Restitutionen.

STADEL:

Dann muß ich Ihnen sagen, daß man dort oben, ich weiß nicht wie, alles über mich weiß. Ich meine, man kennt die Akten, man weiß, wer ich bin. Man ist über meinen früheren Rang informiert, über mein damaliges Gehalt, über mein ehemaliges Einsatzgebiet in dem, Sie wissen schon, in dem Ministerium.

PAUL:

Staatssicherheit heißt es. Schon vergessen? Ist das nicht mehr aussprechbar?

STADEL:

Jeder im Dorf weiß über mich Bescheid.

PAUL:

Ja. Dafür haben wir gesorgt.

STADEL:

Sie? Aber warum?

PAUL:

Wir spielen immer mit offenen Karten. Wir machen vorher klaren Tisch, dann kann nichts passieren: kein Ärger hinterher, keine späteren Enthüllungen. Du wirst sehen, letztlich ist es so für dich besser. Es ist nur im Moment unangenehm, Peter.

STADEL:

Sie hätten mich vorher informieren müssen.

PAUL:

Mußte ich das?

STADEL:

Und nun noch diese Nazischeiße. Reichsärzteführerschule. Davon hatten Sie mir auch nichts gesagt. Ich bin der Mann, der die Rückgabe betreibt, der die Kündigungen austeilt, der die Mieter vor die Tür setzt, der verhindern muß, daß sich kleine Unternehmer in unseren Immobilien niederlassen. All das ist abgesprochen, all das ist okay, damit komme ich zurecht, macht mir fast keine Probleme. Aber nun noch die Stasiakten und diese verdammte Nazischule. Das sind ein paar Pfund zuviel für mich, Herr Paul.

PAUL:

Zuviel für einen Patrioten oder zuviel für dein Gehalt?

STADEL:

Zuviel für einen einzelnen Menschen. Ich bin in Alt Rehse das Ungeheuer. Dort bin ich der Mann, der die Landwirtschaft ruiniert. Der leibhaftige Satan, das bin ich dort. Wer auch immer einen Sündenbock braucht, nimmt mich. Wer irgend etwas gegen Faschisten hat oder Kommunisten oder Sozialisten oder Kapitalisten, ich bin für alle der Arschwisch, der Fußabtreter universal.

PAUL:

Der zentrale Mann, Peter, das bist du. Du bist der Mann, ohne den dort nichts geht, an dem keiner vorbeikommt. Der Mann, der mehr als alle anderen über alles Bescheid weiß. Versuche, es positiv zu sehen. Versuche, dich positiv zu sehen. Was ist dieses Dorf, was ist diese ganze Gutspark-Ärzteschule, und was bist du!

STADEL:

Allein. Dort draußen bin ich vor allem allein.

PAUL:

Ja. Und du wirst es schaffen. Weil du ein Patriot bist. Dir mißfällt diese Nazischeiße, und das gefällt mir an dir. Ich brauche keine Zyniker, sondern Patrioten. Hitler war ein Schwein, ein Schwein wie Stalin. Ein Massenmörder, ein Verbrecher, der Deutschland in den Dreck führte. Was ist schlecht am Nationalismus? Nichts. Oder am Sozialismus? Auch nichts. Und ein nationaler Sozialismus? Das ist eine reine und kräftige Idee, die von zwei Verbrechern besudelt wurde. Jetzt braucht Deutschland unerschrockene, selbstlose Patrioten wie dich. Du wirst es schaffen, Peter. Was will man in dem Dorf? Wie ist die Stimmung?

STADEL:

Man ist zerstritten. Der Tierarzt und die Bürgerrechtler wollen die alte Reichsärzteschule als caritative Einrichtung, eine Pflegestation für Behinderte. Eine Art Wiedergutmachung. Aber das ist eine Minderheit, lautstark, aber eine Minderheit.

Die beim Bund arbeiten, wollen, daß die Bundeswehr bleibt, um die zivilen Arbeitsplätze zu erhalten. Und die Gemeindevertretung wünscht eine touristische Nutzung. Im Grunde dreht sich alles um Arbeitsplätze. Wer Arbeitsplätze verspricht, hat die Einwohner auf seiner Seite.

PAUL:

Gut. Dann versprich es.

STADEL:

Was soll ich versprechen?

PAUL:

Was denkst du?

STADEL:

Keine Ahnung. Ich weiß nicht, was Sie vorhaben? Sie haben sich noch nicht geäußert.

PAUL:

Richtig. Du weißt es nicht. Wann immer dich einer fragt, du weißt nichts. Ist das in Ordnung?

STADEL:

Es ist irgendwie beschissen. Mir wäre es lieber, wenn Sie mir sagen würden –

PAUL:

Nein, Peter. Okay und loyal, erinnerst du dich? Du mußt das nicht wissen. Was denkst du denn, was wir vorhaben?

STADEL:

Es ist eine prächtige Immobilie, der Park, das Schloß, die Fachwerkhäuser. Unbezahlbar. Man könnte –

PAUL:

Was meinst du?

STADEL:

Ich weiß nicht. Aber ich glaube, man kann dort viel Geld machen, wenn man es richtig anstellt. Sehr viel Geld.

PAUL:

Geld? Meinst du tatsächlich, daß wir uns in den neuen Ländern engagieren, um Geld zu machen? Daß wir unser Eigentum zurückfordern, um dann nur Geld zu machen? Ich habe gedacht, du bist ein Patriot. Warum sitze ich nachts um halb elf in diesem trostlosen Büro? Warum sitze ich jeden Tag zwölf Stunden, vierzehn Stunden auf meinem Hintern? Um Geld zu machen? Ich habe dich bisher für einen klugen Jungen gehalten. Habe ich mich in dir getäuscht? Geld, meinst du wirklich, Geld? Denk mal darüber nach, Peter, Rotpeterchen, ob sich wegen Geld ein solcher Aufwand lohnt? Es gibt noch mehr im Leben. Denk darüber nach. Oder besser: hör auf die Stimme in dir. Da drinnen, hörst du da etwas? Klingt etwas in dir? Gibt es nicht da eine Stimme, die dir sagt, wozu du geboren wurdest? Warum du auf dieser Welt bist? Geh jetzt. Mach, was ich dir gesagt habe. Tu es, ohne nachzudenken, loyal und diskret. Und hör auf die Stimme in dir. – Was gibt es noch? Warum gehst du nicht?

STADEL:

Ich suche eine Arbeit für einen meiner Jungs, Chef.

PAUL:

Deine Jungs? Hältst du sie noch beieinander?

STADEL:

Man sieht sich ab und zu. Nur ab und zu.

PAUL:

Blut ist dicker als Wasser, wie?

STADEL:

Könnten Sie ihm helfen, Chef?

PAUL:

Nein.

STADEL:

Es ist ein guter Junge. Etwas ungeduldig, etwas stürmisch, aber einer, auf den man sich verlassen kann. Ein Patriot.

PAUL:

Geh endlich.

STADEL:

Schauen Sie ihn sich an. Er wartet draußen.

PAUL:

Du hast ihn gleich mitgebracht? Das war ein Fehler. Was hast du ihm von mir erzählt?

STADEL:

Nichts. Natürlich nichts.

PAUL:

Das hoffe ich. Und nun schaff ihn weg. Und er soll vergessen, daß er je hier gewesen ist. Verstehst du, was ich sage? Begreifst du das?

STADEL:

Tut mir leid, Chef. Ich hoffte, Sie können meinen Jungs helfen. Es ist eine sehr gute Truppe, brauchbare Kerle. Treu, ehrlich und topfit. Schauen Sie ihn sich an. Es sind Patrioten, Chef. Das Vaterland geht ihnen über alles. Und jetzt sind sie wie herrenlose Hunde. Ich fürchte, sie verludern, sie verwildern. Sie sind gut trainiert, alles Spezialisten, aber was hilft ihnen das heute. Die Polizei, der Bund, keiner will sie, weil ihre Personalakten einen großen schwarzen Fleck haben. Die allerbesten Soldaten, aber Soldaten ohne Armee.

PAUL:

Schick sie zur Legion. Zur Fremdenlegion.

STADEL:

Nein, nie im Leben. Das würden sie nie tun. Es sind deutsche Jungs, keine Abenteurer. Da hätten sie auch als Wachleute gehen können, private Sicherheit, Objektschutz, das wird alles gebraucht, das boomt. Aber das ist nichts für meine Truppe.

PAUL:

Geh jetzt, ich habe zu arbeiten. Und plaudere nicht zuviel, Peter, auch nicht vor deinen Jungs. Kein Wort. Sonst trennen sich unsere Wege schneller, als du denkst. Hast du verstanden?

STADEL:

Ja, Chef.

PAUL:

Ich hoffe, du hast begriffen. Und was deine Jungs betrifft, in Deutschland ist ein Patriot noch nie verhungert. Vielleicht fällt mir etwas ein. Geh jetzt.

STADEL:

Danke, Chef.

PAUL:

Geh.

9. SZENE

Veranda des Wohnhauses in der Randow. Nachts.
Anna Andress.

ANNA *tritt mit dem Hund auf*:
Komm, Frosch, komm. Sei mir nicht böse, mein Guter, aber ich kann dich nicht frei herumlaufen lassen, du mußt an der Leine laufen, an einer langen, langen Leine. Ich will doch nicht, daß sie dich mir erschießen, du dumme Töle. Und nun geh rein. Geh rein und leg dich hin. Bist doch schon ein älterer Herr. Sei lieb und geh rein. Leg dich auf deine Decke und schlaf. Schlaf, Frosch. Sei ganz still, du weckst unsere Gäste auf. Still. *Sie sperrt den Hund ins Haus ein, dann stellt sie eine Staffelei auf und legt ihre Malutensilien zurecht.* Wir haben Gäste. Wie schön. Es ist gut, wenn noch jemand im Haus ist, Frosch. Ich kann besser atmen. Irgendwie ist alles leichter, ruhiger. Da oben schlafen zwei Menschen, und mir geht es viel besser. Und in zwei Tagen beginne ich die Stunden zu zählen, bis die beiden wieder abreisen, bis ich endlich wieder allein bin. Ich kenne mich doch. Ich werde nervös, ich beginne, mich an Kleinigkeiten zu stoßen. Winzige Lächerlichkeiten ärgern mich, und ich bin schlecht gelaunt. Ich kann nicht allein sein, und nicht allein sein,

kann ich auch nicht. Eine etwas kapriziöse Person offenbar. Aber jetzt ist es schön. Diese dumme Unruhe in mir ist weg. Ich laufe nicht mehr unentwegt durch das Haus. Ich muß nicht immerfort nachschauen gehen, ob ich irgendwo Licht angelassen oder einen Wasserhahn nicht zugedreht habe. Und es arbeitet sich besser. Na, ich weiß nicht, soll das ein stumpfes Grün sein? Das sieht nur dreckig aus. – Frosch? Frosch, was hast du denn?

Krappmann erscheint.

Was ist? Habe ich dich geweckt?

KRAPPMANN:

Ich kann nicht schlafen. In diesem Haus kann ich nicht allein schlafen. Bin ich nicht gewohnt, Anna.

ANNA:

Man gewöhnt sich an alles. Aber wenn du hier nicht schlafen kannst, dann geh ins Dorf, und leg dich in dein Auto.

KRAPPMANN:

Störe ich dich?

ANNA:

Ja. Ich arbeite. Ich versuche jedenfalls zu arbeiten.

KRAPPMANN:

Ich geh sofort nach oben. Kann ich mir das Bild ansehen?

ANNA:

Nein. Es ist noch nichts zu sehen. Ich fange erst an.

KRAPPMANN:

Zieh deine Stacheln wieder ein. Ich verschwinde gleich. Es ist eine so schöne Nacht. Und ich hänge an diesem Haus, das weißt du.

ANNA:

Du hängst nicht an meinem Haus, Rudi, du hängst an der Flasche. Das ist das Problem.

KRAPPMANN:

Mir geht es schlecht, Anna.

ANNA:

Dann hör auf zu trinken. Hör auf, Schnapsflaschen in mein Haus zu schleppen. Wenn du trinken mußt, dann geh. Verschwinde. In meinem Haus will ich keinen Alkohol haben.

KRAPPMANN:

Du täuschst dich, das ist nicht mein Problem. Ich brauche das Zeug nicht, ich kann jederzeit damit aufhören. Verstehst du, jederzeit. Und das bedeutet, daß ich eben nicht abhängig bin.

ANNA:

Fein. Dann gib es auf. In diesem Haus gibt es ausreichend Tee und Kaffee und Mineralwasser, du mußt nicht deine verdammten Flaschen hierherschleppen, wenn du was trinken willst.

KRAPPMANN:

Ich liebe dich, Anna. Das ist mein Problem. Ich kann ohne dich nicht leben.

ANNA:

Na, wunderbar, jetzt kann ich meine Siebensachen zusammenpacken. Ich werde heute keinen Strich mehr zustande bekommen.

KRAPPMANN:

Es ist nichts als die Wahrheit.

ANNA:

Nein, das ist es nicht, Rudi. Wir waren lange genug verheiratet, ich weiß, was mit dir los ist. Und du weißt es auch. Du brauchst mich, sicher, und ich habe eine Ewigkeit gebraucht, bis ich begriffen habe, was mit dir los ist. Daß du mich zwar brauchst, aber mich nicht liebst. Bis ich begriffen habe, daß das zwei sehr verschiedene Dinge sind. Du hast irgendein Problem, und schon willst du irgendwo unterkrauchen. Und das ist nichts Neues, Rudi, das war schon immer so. Ich weiß doch, warum du vor zehn Jahren deine Arbeit aufgegeben hast und mir unbedingt helfen wolltest, mein Atelier in der Kastanienstraße einzurichten. Du hattest ein Problem und bist geflüchtet. Du hattest Schwierigkeiten mit Eva, du kamst mit deiner Dissertation nicht zurecht, du hast die Kritik von deinem Doktorvater nicht vertragen. Also hast du alles hingeschmissen und bist bei mir untergekrochen. Und ich dumme Kuh habe das auch noch für die große Liebe gehalten. Mein Gott, bin ich blöd.

KRAPPMANN:

Das ist Unsinn. Ich hatte, wie du genau weißt, mit Sternberg politische Differenzen. Er war immer ein Dogmatiker, ein Stalinist, das war bekannt. Ich wurde von ihm rausgeekelt.

ANNA:

Das sehe ich aber anders, Rudi.

KRAPPMANN:

Ich hatte faktisch ein Berufsverbot. Man hat Sternberg nach der Wende schließlich nicht grundlos abgewickelt.

ANNA:

Ich will mit dir nicht streiten. Aber du hattest immer ein Problem. Und dann kamst du zu mir und hast mich mit großengroßen Augen angeschaut: bitte hilf mir. Und Anna hatte dich zu trösten, und Anna mußte für zwei arbeiten, und Anna mußte ihren kleinen hilflosen Rudolf wieder aufbauen. Und wenn ich mal nicht da war oder wenn ich auch mal nicht ganz fit und obenauf war, dann gabs da noch diese kleine Flasche als Trostspender.

KRAPPMANN:

Bleib fair, Anna.

ANNA:

Und an diesem Haus hast du auch nur zwei Jahre lang gebaut, um aus der bösenbösen Welt zu fliehen. Und jetzt bist du wieder mal arbeitslos und möchtest irgendwo unterkriechen. Aber nicht bei mir, Rudi. Hier nicht mehr.

KRAPPMANN:

Du hast dir ja ein feines Bild von mir zurechtgebastelt. Sei unbesorgt, ich bleibe nicht. Ich werde dich nicht behelligen. Sobald das Auto wieder flott ist, bin ich weg.

ANNA:

Ich glaube dir kein Wort, Rudi. Was für ein Zufall, daß das Auto genau vor meinem Haus kaputtgeht. Das soll ich dir glauben?

KRAPPMANN:

Es war nun mal so.

ANNA:

Vielleicht ist das eine ansteckende Krankheit, die du hast? So ein Unter-den-Rock-kriech-Bazillus? Vielleicht hast du dein Auto damit infiziert? Wieso geht es gerade hier kaputt?

KRAPPMANN:

Du haßt mich, wie.

ANNA:

Nicht einmal das, Rudi.

KRAPPMANN:

Mein Gott, Anna, du bist alles, was ich habe.

ANNA:

Nein, Rudi, mich hast du nicht. Wenn ich auf etwas stolz bin, dann auf jenen Tag, als ich dich endlich vor die Tür setzte. Als ich meine ganze mir noch verbliebene Kraft zusammennahm und dir trotz deiner großen traurigen Augen einen Tritt in den Hintern gab. Und das hätte ich sehr viel früher machen sollen, vor Jahren schon. O mein Gott, wie ich diesen Blick hasse.

KRAPPMANN:

Du bist nicht fair.

ANNA:

Du glaubst, das sei Liebe. Du glaubst, so etwas sei ein Mann, nach dem sich eine Frau sehnt. Ich nicht. Ich brauche keinen Kerl, der bei jedem Problem zusammenbricht und eine Frau sucht, um sich auszuheulen. Das Dorf wimmelt jetzt von solchen Kerlen. Die Hälfte der Bauern ist arbeitslos oder im Vorruhestand und sitzt zu Hause herum. Und sie jammern ihren Frauen die Ohren voll und suchen Trost. Ich kann nur lachen, wenn ich höre, die Männer seien alle Machos. Ich träume von einem Macho. Ich habe nie so einen Kerl kennengelernt. Die Typen, die ich kenne, waren immer nur obenauf, wenns keine Probleme gab. Aber sobald sich die kleinste dunkle Wolke am Horizont zeigte, war die ganze Herrlichkeit dahin und übrig blieb nur ein Häufchen heulendes Elend. Schon mein Vater war so ein Held. Kaum war der Krieg vorbei, wars auch mit ihm vorbei. Er hat es nie verwunden, daß man ihm das Gewehr aus der Hand nahm, daß man ihn für ein Jahr ins Lager steckte und dann nach Hause schickte. Mutter war Trümmerfrau, Mutter besorgte eine Wohnung, Mutter organisierte den Schwarzhandel, Mutter hielt die Familie über Wasser. Und Vater saß daheim und jammerte. Und alles, wozu er fähig war, das war, ihr noch ein Kind zu machen. Auch ne Leistung.

KRAPPMANN:

Bist du endlich fertig?

ANNA:

Ja. Und nun geh zum Teufel, Rudi, in diesem Haus ist kein Platz für dich. Hier wohnen Frosch und ich, und ich brauche keinen Kerl.

KRAPPMANN:

Geht es dir jetzt besser? Hast du dich ausgekotzt?

ANNA:
Verschwinde endlich.
KRAPPMANN:
Komm mit mir ins Bett. Ich will jetzt mit dir schlafen.
ANNA:
Du tickst wohl nicht richtig.
KRAPPMANN:
Dein großer Auftritt hat mich richtig geil gemacht, Anna. Schlaf mit mir, wir sind schließlich noch immer verheiratet.
ANNA:
Geh zur Hölle.
SUSANNE *tritt auf im Morgenmantel*:
Läuft hier eine Party? Dann hättet ihr mich eher wecken sollen.
ANNA:
Geh ins Bett, Kind. Geh ins Bett und schlaf.
SUSANNE:
Wie soll man denn schlafen? Das war nicht eben Zimmerlautstärke.
ANNA:
Komm, Kleine. Wir gehen zusammen ins Bett. Du schläfst bei mir im Zimmer und erzählst deiner alten Mutter noch etwas von dir. Komm. *Sie geht mit Susanne ab.*
KRAPPMANN *holt eine Flasche heraus und trinkt*:
Dann geh zum Teufel. – Komm, Frosch, komm, wir beide werden einen Spaziergang machen. Ich bin auch nur ein armer Hund, Frosch, ein armer, herrenloser Hund. *Er bellt.* Wir müssen still sein,

Frosch, wir dürfen keinen Ärger machen. Ein Hund darf keinen Ärger machen. Immer still sein, sonst wird man verjagt.

10. SZENE

In der Randow.
Anna Andress. Susanne Andress.

ANNA *ruft*:
Frosch! – Frosch! – Du dumme Töle, wo steckst du denn?

SUSANNE:
Gehen wir nach Haus. Frosch wird sich schon wieder einfinden. Vielleicht ist er längst zurück und wartet auf uns.

ANNA:
Frosch!

SUSANNE:
Komm. Gehen wir nach Haus.

ANNA:
Dieses blöde Vieh. Die knallen ihn doch ab, sie haben es mir schon angedroht. – Frosch!

Voß tritt auf.

Gott im Himmel, haben Sie mich erschreckt. Wo kommen Sie denn her?

VOSS:
Guten Tag, Frau Andress. Ist Ihr Hund weggelaufen?

ANNA:
Jaja. Und was machen Sie hier? Anderen Leuten in die Fenster schauen?

VOSS:

Nur einen kleinen Spaziergang. Ist doch ein schönes Tal. Aber Ihren Hund sollten Sie kurzhalten. So unerzogen wie er ist, jagt er das Wild kaputt. Das ist nicht gut.

SUSANNE:

Er war plötzlich verschwunden.

ANNA:

Machen Sie sich nur keine Sorgen. Der Hund tut keinem etwas, auch nicht dem Wild.

VOSS:

Ein Hund muß parieren. Sie werden mit dem Förster wieder Ärger bekommen.

ANNA:

Das muß Sie nicht kümmern. – *Zu Susanne.* Wir trennen uns besser. Geh du schon nach Haus. Ich geh noch das kleine Wäldchen ab. *Sie geht ab.*

VOSS:

Es ist nicht gut, einen Hund frei herumlaufen zu lassen.

SUSANNE:

Er ist uns ausgebüxt. Er wird nicht weit sein. Was war denn das früher hier? Ein Schießplatz?

VOSS:

So etwas in der Art. Als wir das erste Mal wieder rein konnten, standen dort die Autos. Zehn, zwölf Autos, völlig zerschossen und ausgebrannt. Unter den Bäumen, zwischen den Sträuchern. Zuerst dachte ich, es sei eine wilde Müllhalde. Wir wußten ja nichts. Einunddreißig Jahre kamen wir nicht einmal an das Tal heran. Wenn wir auf das Feld gehen wollten, mußten wir das zuvor anmelden, kleines Fräulein, und dann stand den ganzen Tag eine Wache am Feldrand, den ganzen Tag, solange wir mit dem Trecker auf dem Acker waren. Da werden Sie wohl verstehen, wie erleichtert wir waren, als diese Truppe endlich verschwand, Armee oder Staatssicherheit oder was das war.

SUSANNE:

Und Sie waren dabei, als man die Absperrung stürmte?

VOSS:

Ja. An die achtzig Mann waren damals gekommen, aus vier Dörfern. Wir drückten gegen das Gittertor. Der Pfarrer verhandelte mit dem Offizier. Und auf einmal öffnete sich, was jahrelang, was jahrzehntelang für uns streng verboten war. Als Junge habe ich oft im Randowtal gespielt, wir haben hier Pilze gesammelt. Und plötzlich, von einem Tag auf den anderen, durften wir es nicht mehr betreten.

SUSANNE:

Aber Sie gehörten doch dazu.

VOSS:

Was sagen Sie? Wozu gehörte ich?

SUSANNE:

Im Dorf sagte man mir, daß sie zu denen gehörten.

VOSS:

Sie meinen, daß ich in der Partei war? Selbstverständlich. Ich war damals schon Bürgermeister, da war man natürlich in der Partei. Anders geht das gar nicht. Ein Bürgermeister ist immer in einer Partei, und immer in der wichtigsten. Wie soll man ihn sonst wählen?

SUSANNE:

Mir erzählte man, daß Sie auch auf der Liste standen?

VOSS:

Auf was für einer Liste?

SUSANNE:

Daß Sie ein Spitzel waren, Herr Voß.

VOSS:

Erzählt man sich das, ja? Das ist Unsinn, Fräulein Susanne. Aber natürlich erzählen sich das die Leute. Sie brauchen etwas zum Erzählen und möglichst eine Gemeinheit. So sind die Menschen. Nein, ich war kein Spitzel, was hätte ich schon verplaudern können. Natürlich kamen manchmal irgendwelche Männer zu mir, zeigten einen Ausweis vor und fragten mich aus. Wenn einer zu seinem Bruder in den Westen fahren wollte, wenn einer verschwunden war, abgehauen, wie man so sagte. Sie kamen und fragten und fragten, und ich mußte antworten. Als Bürgermeister mußte ich antworten. Das muß ich auch jetzt. Bin ich da ein Spitzel?

SUSANNE:

Sie machen immer, was man verlangt, nicht wahr?

VOSS:

Sie nicht? Wissen Sie, mein Vater war Bürgermeister und auch mein Großvater. Die Leute waren zufrieden mit ihnen, ganz gleich, was da für eine Regierung war. Haben sie immer wieder gewählt. Natürlich, meinem Vater ging es nach dem Krieg schlecht. Die Russen haben ihn abgeholt. Er war mehr als ein Jahr weg. Als er zurückkam, da wollte er nicht mehr. Die Leute hätten ihn als Bürgermeister gern wieder gehabt, aber er wollte nicht mehr. Dann kam einer aus der Kreisstadt, aber der konnte sich nicht einleben. Er wurde nicht angenommen. Blieb ein Fremder, auch wenn er auf den Tag zwölf Jahre im Dorf wohnte. Als er ging, hat ihm keiner eine Träne nachgeweint. Kein schlechter Mensch, aber er gehörte nicht hierher. Was soll ich Ihnen sagen, man hat mich bedrängt. Geh in die Partei, sagte man mir, daß wir dich als Bürgermeister kriegen. Und jetzt bin ich es schon fast dreißig Jahre. Als der Staat zu Ende ging, hab ich gesagt, nun ist genug, soll mal ein andrer ran. Aber die Leute haben keine Ruhe gegeben. Mach mal, mach mal, hieß es nur, wer solls denn sonst machen. Also hab ich mein Parteibuch abgegeben und mir ein andres geben lassen und bin Bürgermeister geblieben.

SUSANNE:

Einfach so? So einfach?

VOSS:

Ja. Hier macht man sich nicht so einen Kopf darum. Da ist doch eins wie das andere. Was die Leute wollen, das ist eine gute Arbeit für sich und ein Haus und daß mit den Kindern alles in Ordnung geht. Und so ist es wohl auf der ganzen

Welt, jedenfalls dort, wo die Leute vernünftig sind und keine Banditen. Viel mehr wollen sie nicht.

SUSANNE:

Und keine Ausländer, nicht wahr?

VOSS:

Ja, nun, als Sie noch bei uns wohnten, Fräulein Susanne, da war das ja weiter kein Problem. Aber inzwischen hat sich viel geändert. Tag und Nacht kommen sie über die Grenze. Sie ist ja so gut wie offen, für einen gesunden Mann keine Schwierigkeit. Das geht nun rüber und nüber. Die Leute haben Angst. Es verschwindet zu viel. Das ist auch nicht richtig.

SUSANNE:

Und da muß man sie gleich erschießen? Abknallen wie Hasen?

VOSS:

Ja, ein schreckliches Unglück. Aber auch ein fürchterlicher Leichtsinn. In einem Jagen sich zu verstecken ist lebensgefährlich. Es ist verboten, sich nachts in einem Jagdrevier aufzuhalten. Da kann dann so eine unglückliche Geschichte passieren.

SUSANNE:

Sie meinen, es war ein Jagdunfall?

VOSS:

Was denn sonst?

SUSANNE:

Zwei Tote durch Kopfschuß. Und ein paar Stunden später brennt das Feld, und die Leichen sind halb verkohlt. Und das nennen Sie einen Jagdunfall?

VOSS:

Ich denke schon. Aber was weiß ich. Das soll die Polizei untersuchen. Aber bei der Jagd kann immer etwas passieren.

SUSANNE:

Ich bin froh, daß ich hier weg bin. Da ist man ja in Berlin sicherer.

VOSS:

Na, das weiß ich nun nicht. Aber daß Ihre Mutter so ganz allein leben tut, das wäre mir nichts.

SUSANNE:

Mutter verkauft nicht. Geben Sie sich keine Mühe, Herr Voß.

VOSS:

Ich wills nicht kaufen. Ich habe mein Haus. Ich denke nur an Ihre Mutter. In diesen Zeiten so einsam zu wohnen, so abgeschieden, das ist nicht gut. Ich an Ihrer Stelle, ich würde meine Mutter da nicht wohnen lassen. Ich würde sie zu mir holen, unter Menschen bringen.

SUSANNE:

Sie geben nicht auf, was? Sie bereuen, daß Sie Mutter das Haus verkauft haben. Sie brauchen es für Ihre neuen Freunde.

VOSS:

Ach was.

SUSANNE:

Sie kommen gut mit den Leuten vom Grenzschutz zurecht?

VOSS:

Sind auch nur Menschen.

SUSANNE:

Sicher. Aber vor kurzem waren das noch Ihre erklärten Feinde. Ich weiß doch, was ich in der Schule lernen mußte und was Sie so erzählten, Herr Voß.

VOSS:

So redete man damals eben. War so üblich. War halt ein anderer Staat.

SUSANNE:

Und Sie kamen gut zurecht. Und jetzt wieder. Immer dabei, immer vorneweg.

VOSS:

Was denn, was denn, vorneweg? Ich bin im Ruhestand. Ich mach den Bürgermeister, ehrenamtlich. Aber ansonsten bin ich im Ruhestand. Und wenn ich den Leuten von der Grenze helfen kann, warum nicht. Sind auch nur Menschen. Leute wie wir, Kaninchenzüchter, Taubenzüchter, Jäger. Und die ganz Ruhigen, die angeln, wie wir.

SUSANNE:

Ich finde es merkwürdig, wie gut Sie mit denen können. Das könnte ich nicht, an Ihrer Stelle.

VOSS:

Ja, ich kann mit den Menschen. Darum hat man mich immer wieder gewählt. Ich komme mit den Menschen zurecht, Fräulein Susanne. Muß man auch. Sie werden es auch noch lernen.

SUSANNE:
Sie kommen immer zurecht.
VOSS:
Ja. Immer.
SUSANNE:
Ekelhaft irgendwie, wenn Sie mich fragen.
VOSS:
Wie alt sind Sie? Siebzehn, achtzehn?
SUSANNE:
Ich muß gehen.
VOSS:
Bleiben Sie für länger bei uns?
SUSANNE:
Nein, ich brauche die Stadt, um leben zu können.
VOSS:
Das Kino und die Jungs, was?
SUSANNE:
Ja, ein bißchen Spaß.
VOSS:
Und wir haben nur das Fernsehen. Aber so viele Programme, für jeden etwas. Hoffentlich finden Sie den Hund, Fräulein Susanne.

11. SZENE

Veranda des Wohnhauses in der Randow.
Anna Andress, Susanne Andress,
Rudolf Krappmann.

KRAPPMANN:
Kannst du mich ins Dorf fahren?

ANNA:
Nein.

KRAPPMANN:
Mein Gott, soll ich den ganzen Weg zu Fuß gehen? Das ist doch nur eine kleine Mühe für dich, mich ins Dorf zu bringen. Und dann bin ich weg. Ich verschwinde aus deinem Leben. Für immer, Anna.

ANNA:
Ich fahre nicht ins Dorf, tut mir leid. Ich will keinen sehen, ich ertrage es nicht.

KRAPPMANN:
Willst du das ganze Dorf bestrafen? Was soll das? Und ich habe ja nun wirklich gar nichts damit zu tun.

ANNA:
Du mußt selbst sehen, wie du zu deinem Auto kommst. Leb wohl, Rudi.

KRAPPMANN:
Den Kaffee kann ich wohl noch austrinken. Ich habe Frosch auch gern gehabt, und es ist eine Rie-

senschweinerei, ein Verbrechen. Aber es war ein Tier. Es war trotz allem nur ein Tier. Du kannst dir morgen einen neuen Hund kaufen.

ANNA:

Wenn du dein Frühstück beendet hast, geh bitte. Ich will arbeiten.

SUSANNE *liest in einer Zeitung*:

Nur keinen Zank vermeiden. Müßt ihr euch bis zur letzten Sekunde streiten.

KRAPPMANN:

Wer streitet sich denn. Ich habe nur gefragt, wie ich ins Dorf kommen soll.

ANNA:

Es war sicher ein Fehler, daß ich ihn im Garten begraben habe. Was meint ihr?

SUSANNE:

Ich bitte dich. Rudi hat recht, es war nur ein Hund.

ANNA:

Ja, natürlich war es ein Hund. So schlau bin ich auch. Aber es war mein Hund. Ich habe zehn Jahre mit ihm gelebt. Ich weiß nicht, wie ich hier ohne ihn leben soll.

SUSANNE:

Schaff dir einen Kerl an. Wenn du mit Rudi nicht klarkommst, such dir einen anderen Typ aus. Es laufen genug herum. So schwer ist es nicht, einen zu finden.

KRAPPMANN:

Vielen Dank.

ANNA:

Kind, du redest manchmal einen Unsinn.

SUSANNE:

Nun seid bloß nicht eingeschnappt. Wir können doch darüber reden. Man muß doch kein Mysterium daraus machen. Man geht eine Beziehung ein, man löst eine Beziehung, das ist doch alles völlig normal. Wir leben schließlich nicht mehr im neunzehnten Jahrhundert.

ANNA:

Liebe, du wirst dein Leben leben, laß mich meins auf meine Art zubringen. Und gib mir bitte keine Ratschläge. Ich bin, glaube ich, etwas älter als du.

SUSANNE:

Mein Gott, ihr stellt euch an. *Sie liest wieder Zeitung.*

KRAPPMANN:

Kannst du mir etwas Geld borgen? Ich weiß nicht, wieviel die Reparatur kosten wird, und ich bin im Moment nicht so richtig flüssig.

ANNA:

An wieviel dachtest du?

KRAPPMANN:

Vielleicht zweihundert Mark. Ich schicke es dir Ende des Monats zurück.

ANNA:

Ich sehe nach, ob ich so viel im Haus habe.

KRAPPMANN:

Nur bis Ende des Monats. Irgendwann muß es ja bei mir wieder mal zum Laufen kommen. Ich habe so ein paar Angebote. Alles nicht das Gelbe vom Ei, aber sechs Monate habe ich noch Zeit. Sechs Monate löhnt noch das Arbeitsamt.

ANNA:

Und dann?

KRAPPMANN:

Wie gesagt, es gibt ein paar Projekte. Um ganz ehrlich zu sein, ich denke daran, mich selbständig zu machen. Es gibt wunderbare Anschubfinanzierungen bei Existenzgründungen, verlorene Kredite, zinslose, zinsgünstige. Wenn ich beispielsweise etwas für Osteuropa produziere, kann ich Förderungen abfassen –

ANNA:

Was denn? Was willst du denn produzieren?

KRAPPMANN:

Wir haben uns noch nicht endgültig festgelegt.

ANNA:

Darf ich dir einen Rat geben, Rudi? Laß die Finger davon. Das ist wieder so ein Windei von dir. Und am Schluß hast du noch mehr Schulden als jetzt.

KRAPPMANN:

Es ist gut, Anna, es ist gut. Ich habe mich nur erkundigt, ob du mir etwas Geld borgen kannst. Den Rest kannst du dir schenken. Auf deine Ratschläge würde ich gern verzichten.

ANNA:

Ich hol dir das Geld. *Geht ab.*

KRAPPMANN:

Kannst du mir auch etwas borgen, Susan?

SUSANNE:

Ich?

KRAPPMANN:

Ja.

SUSANNE:

Ich soll dir Geld borgen?

KRAPPMANN:

Ich muß die Autoreparatur bezahlen.

SUSANNE:

Ich weiß, Rudi. Aber du schuldest mir noch Geld, genau achtzig Mark.

KRAPPMANN:

Das ist ausgeschlossen. Ich habe doch alles zurückgezahlt.

SUSANNE:

Das hast du bis heute noch nicht. Und ich bekomme nur Taschengeld, Rudi.

KRAPPMANN:

Ich bin derzeit etwas knapp. Kannst du mir wirklich nichts borgen?

SUSANNE:

Tut mir leid, bei mir bist du da an der falschen Adresse.

KRAPPMANN:

Was meinst du denn, wer Frosch vergiftet hat?

SUSANNE:

Was hast du gesagt? Entschuldige, ich habe nicht zugehört. Ich lese gerade etwas über meine alte Schule.

ANNA *tritt auf*:

Hier, bitte. *Sie gibt Krappmann Geld.*

KRAPPMANN:

Danke. Wie gesagt, Ende des Monats hast du das Geld zurück.

SUSANNE:

Stellt euch vor, drei Schüler von meiner alten Penne haben den zweiten Preis in einem Börsenspiel gewonnen. Es steht nicht da, welche Klasse es war. Vielleicht kenne ich sie. Sie haben mit Aktien spekuliert und in zwei Monaten vierundfünzigtausend Mark gewonnen.

KRAPPMANN:

Vierundfünfzigtausend Mark. Und woher hatten sie das Startkapital?

SUSANNE:

Das war nur fiktiv. Das eingesetzte Geld war fiktiv, der Gewinn auch, aber alles andere ist real. Das ist so ein Börsenkurs für die Gymnasien. Die Schüler sollen lernen, mit Aktien umzugehen, zu spekulieren.

KRAPPMANN:

Und das lernen die tatsächlich im Unterricht? Nicht schlecht. Wenn ich an meine Schulzeit denke, was haben wir gelernt? Dreisatz und Periodensystem der Elemente. An der Börse spekulieren zu können, das hätte ich lieber gelernt.

ANNA:

Ist das wahr, Susan? Lernt man am Gymnasium tatsächlich mit Aktien zu spekulieren?

SUSANNE:

Ist doch nicht schlecht. Das ist wenigstens etwas, was man im Leben gebrauchen kann.

KRAPPMANN:

Was soll ich mit den chemischen Elementen? Damit kann ich heutzutage gar nichts anfangen. Ein

Börsenkurs, der fehlt mir. Ich finde es sehr gut, daß man das gleich in der Schule lernt. Wir mußten so viel Unsinn pauken. Was weiß ich denn noch von Chemie und Physik und Mathematik? Und wozu? Ich habe das nie gebraucht und habe es längst vergessen. Ich weiß, es gibt linksdrehende Säuren, aber das ist auch alles. Ich weiß nicht, warum sie sich nach links drehen, warum sie sich überhaupt drehen, was das bedeutet. Oder trigonometrische Funktionen, Sinus, Kosinus, Tangens. Ich war da immer sehr gut, ich war in Mathe immer der Klassenprimus, aber ich weiß nichts mehr. Warum mußte ich das lernen? Es war nur Unsinn, zwölf lange Jahre lang. Was man im Leben benötigt, das ist Lesen, Schreiben und Rechnen. Und die Fremdsprachen natürlich und Steuerrecht und Gesetzestexte, das braucht man. Dazu noch ein Börsenkurs. Und Karate, das wäre auch nicht schlecht.

ANNA:

Wenn du fertig bist, dann geh bitte. Das Geld hast du ja.

KRAPPMANN:

Gut, ich gehe. Umarmen wir uns zum Abschied?

ANNA:

Nein.

KRAPPMANN:

Bekomme ich von dir einen Kuß, Susan?

SUSANNE:

Ciao, Rudi. *Sie umarmt ihn.*

KRAPPMANN:
Dann werde ich mal loslaufen. Alles Gute für dich, Anna. *Er geht ab.*

SUSANNE:
Du hättest ihn ins Dorf fahren können.

ANNA:
Nein.

SUSANNE:
Er hat Frosch nicht vergiftet.

ANNA:
Was weiß ich. Ich geb das Haus auf.

SUSANNE:
Du willst es verkaufen? Wegen Frosch?

ANNA:
Ich will weg. Ich fühle mich nicht mehr wohl. Vielleicht lebe ich schon zu lange hier.

SUSANNE:
Ich freue mich natürlich, wenn du nach Berlin kommst, aber hast du es dir auch wirklich überlegt?

ANNA:
Ich sehe den toten Frosch immer noch vor mir liegen. Sein Maul, die Zunge, ich werde diesen Anblick gar nicht mehr los. Die wollten das Haus wieder zurückhaben, nun haben sie es erreicht.

SUSANNE:
Meinst du, der Bürgermeister hat Frosch vergiftet?

ANNA:
Ich weiß nicht. Vielleicht. Oder der vom Grenzschutz, sein Bild habe ich noch bei mir. Oder

irgendeiner aus dem Dorf. Vielleicht war es auch Rudi, weil ich ihn hier nicht wohnen lasse. Oder du, Susan.

SUSANNE:

Ich?

ANNA:

Du wolltest ja auch nicht, daß ich nur mit Frosch hier lebe.

SUSANNE:

Bist du meschugge? Glaubst du das wirklich?

ANNA:

Ich will nur noch weg.

SUSANNE:

Manchmal bist du richtig dämlich.

ANNA:

Ja. Weißt du, als sie die beiden Rumänen erschossen haben, bekam ich zwar Angst, aber nicht einen Moment dachte ich daran wegzugehen. Jetzt haben sie Frosch vergiftet, und ich geh sofort. Ist das nicht merkwürdig?

SUSANNE:

Verrückte, alte mum. Es wird Zeit, daß du hier verschwindest.

12. SZENE

Sauna in Köln.
Fred P. Paul, Peter Stadel, beide mit Bademänteln und Handtüchern.

PAUL:
Nun erzähl mir mal. Aber bleib locker, Peter, ganz locker. Und starr nicht so ausgehungert, sonst hält man dich noch für eine Schwuchtel.

STADEL:
Seien Sie unbesorgt, Chef. Aber wissen möchte ich schon, was hier so für ein Jahreseinkommen herumspaziert.

PAUL:
Immer nur Geld im Kopf? Paß auf, daß du nicht noch verblödest.

STADEL:
Ich schätze, jeder von denen macht eine Million, jedes Jahr.

PAUL:
Das dürfte nicht einmal für die Steuer reichen. Was hast du für Ärger mit der Polizei?

STADEL:
Einer meiner Jungs hat Scheiße gebaut, Chef. Er hat sich bei so einer dummen Aktion beteiligt und aufgreifen lassen. Irgend so eine kleine Partei, Nationale Front, hat Randale gemacht.

PAUL:

Interessiert mich nicht. Will ich nicht wissen. Hol ihn da raus oder laß ihn fallen. Wenn das öffentlich wird, mach rechtzeitig einen Schnitt. Was habe ich dir gesagt, Peter, was habe ich dir eingeschärft? Schon vergessen? Loyal und diskret, mehr verlange ich nicht. Und wenn irgend etwas bei dir stinkt, dann heißt es für uns beide Abschied nehmen. Verstanden?

STADEL:

Natürlich. Ich müßte die Jungs beschäftigen. Sie sitzen da und warten und machen halt Blödsinn.

PAUL:

Wenn sie keine Disziplin haben, laß sie fallen. Möchtest du etwas trinken?

STADEL:

Nein.

PAUL:

Warum ich dich kommen ließ, ich wollte dir sagen, wir sind sehr zufrieden mit dir.

STADEL:

Das höre ich gern, Chef.

PAUL:

Wir sind sehr zufrieden. Und das sollte so bleiben, nicht wahr?

STADEL:

Keine Probleme, Chef.

PAUL:

Und du bist auch zufrieden?

STADEL:

Alles bestens. Das Geld stimmt.

PAUL:

Fein. Und mit dem Auto kommst du zurecht?

STADEL:

Super. Deutsche Wertarbeit ist nicht zu übertreffen. Der Wagen ist für mich der reinste Gesundbrunnen. Ich steige ein, und schon beginnt es, in mir zu kribbeln. Hundertachtzig PS spüre ich direkt hier. Wow.

PAUL:

So solls sein, Peter. Ich wußte, daß dir ein deutsches Auto gefällt. Und wenn du noch lernen könntest, dich anzuziehen, wäre ich rundum zufrieden mit dir.

STADEL:

Was ist mit meiner Kleidung? Ist etwas nicht in Ordnung? Es sind Eins-a-Klamotten, superteuer.

PAUL:

Es ist nicht der Preis, Peter. Geld ist nicht alles, das mußt du noch lernen. Was du trägst, so laufen Versicherungsvertreter herum, Sparkassenfuzzis, aber nicht meine Männer. Laß dir von Frau Bremer die Adresse von einem Outfitter geben.

STADEL:

Geht in Ordnung. Heißt das, ich bleibe ein paar Tage in Köln?

PAUL:

Nein. Du meldest dich nach der Sauna bei meiner Sekretärin. Frau Bremer hat zwei Briefe für dich. Berlin hat uns ein paar Immobilien angeboten, an sechs Offerten bin ich interessiert und möchte etwas mehr sehen. Du fährst hin und siehst dir die

Angebote an, fotografierst alles, Foto und Video, auch Luftaufnahmen. Wir wollen etwas sehen, bevor wir uns entscheiden.

STADEL:

Luftaufnahmen? Das könnte schwierig werden. In Ostdeutschland gibt es nicht in jeder Ecke eine Flugbereitschaft.

PAUL:

Wenn es Schwierigkeiten gibt, ruf meine Frau Bremer an. Sie wird dir helfen, sie hat alle nötigen Adressen. Und dann brauche ich Gutachten. Gutachten für alles, Land, Wald, Wasser, Gebäude, für alles. Seriöse Gutachten. Du weißt, wie man seriöse Gutachten bekommt?

STADEL:

Natürlich. Gutes Geld für erstklassige Leute.

PAUL:

Du mußt sie heiß machen. Viel heißer, als selbst ein gutes Honorar es vermag. Sie müssen für sich arbeiten, verstehst du. Du mußt lukrative Folgeaufträge in Aussicht stellen, anbieten, notfalls auch erteilen. Wenn du eine komplette Rekonstruktion oder einen Neubau zu vergeben hast, kannst du überall die besten Firmen sehr gut und sehr schnell für dich arbeiten lassen. Weil sie bereits bei dem Gutachten glauben, sie arbeiten für sich. Du mußt ihnen immer geschäftliche Perspektiven suggerieren. Das regt das Eigeninteresse an, das motiviert. Und sie müssen schnell arbeiten. Sie müssen alles andere liegenlassen und nur noch für dich unterwegs sein. Die nötigen Papiere und Formulare findest du in dem Brief. Für alle Verbindlichkeiten ist mein Büro zuständig. Wie bisher.

STADEL:

Ich verstehe. Und Sie, Sie zahlen nicht. Sie lassen sie am ausgestreckten Arm verhungern.

PAUL:

Kümmere dich nicht um Angelegenheiten, die dich nichts angehen. Du hast keine Zeit, am Zehnten nächsten Monats muß alles auf meinem Tisch liegen, vollständig.

STADEL:

Ich tu mein Bestes.

PAUL:

Am Zehnten, keinen Tag später.

STADEL:

Keine Sorge, Chef.

PAUL:

Der andere Brief wird dir gefallen. Ein Klient hat im Osten etwas Land gekauft, ein wunderbar gelegenes Tal, eine hübsche Immobilie in der Randow, in der Nähe der polnischen Grenze. Und er zeigt Interesse für deine Jungs.

STADEL:

Das wäre fabelhaft.

PAUL:

Wir werden sehen. Aber wenn du sie nicht an die Kandare nehmen kannst, können wir alles vergessen.

STADEL:

Seien Sie unbesorgt. Ich brauche nur eine Aufgabe für sie. Ich muß sie beschäftigen.

PAUL:

Lange Haare oder Glatze, das ist mir einerlei, aber ich dulde keinerlei Disziplinlosigkeiten. Okay und loyal und diskret, bring es deinen jungen Wölfen bei.

STADEL:

Kein Problem, Chef.

PAUL:

Sie können hungrig sein, sie sollen hungrig sein. Aber sie müssen parieren. Ich hoffe, sie scheuen vor keiner Arbeit zurück. So, und nun komm an die Hantelbank. Bevor wir noch einmal in die Sauna gehen, will ich sehen, ob du besser trainiert bist als ich. Ich bin zehn Jahre älter, aber du wirst dich anstrengen müssen, Peter.

13. SZENE

In der Randow.
Bernd Voß, Robert Kowalski.

VOSS:
Komm, Bob, du machst dir nur selber das Herz schwer. Komm, wir finden etwas anderes für dich.

KOWALSKI:
Ich will nichts anderes. Ich will dieses Haus. Und was hast du mir versprochen?

VOSS:
Wenn es nach mir ginge, dann hättest du das Haus schon längst. Aber mir sind die Hände gebunden.

KOWALSKI:
Das sticht mir ins Auge. Ich habe so viel aufgegeben, da ist es weiß Gott nicht zuviel verlangt, daß man mir ein Haus verkauft, welches mir gefällt. Und ich wills ja nicht geschenkt.

VOSS:
Berlin hat anders entschieden. Die haben das ganze Tal mit dem Haus zusammen verkauft, da war nichts zu machen. Und der Käufer hat zwölf Arbeitsplätze versprochen, da hat natürlich auch die Gemeinde zugestimmt. Die ganze Gegend braucht Investoren, da hattest du keine Chance. Das ging um Millionenbeträge, da kommen wir kleinen Leute nicht mit.

KOWALSKI:

Du hast mich reingelegt, Bernd. Du hast mich betrogen.

VOSS:

Das würde ich nie tun. Frag, wen du willst, ich habe für dich gesprochen. Bis zum Schluß. Es war aussichtslos. Die wollten alle, daß das große Geld herkommt, daß ein paar Arbeitsplätze entstehen. Das halbe Dorf ist arbeitslos, was erwartest du da.

KOWALSKI:

Ich kann auch anders. Ihr werdet mich noch kennenlernen.

VOSS:

Wie du willst, aber an mir lags gewiß nicht. Mir persönlich wäre es doch auch lieber, das Tal bleibt offen, und man kann es weiter als Jagdrevier pachten. Jetzt ist es verkauft, und wer weiß, ob das nicht der letzte Herbst ist, wo wir hier noch mal auf Jagd gehen können.

KOWALSKI:

Ihr steckt doch alle unter einer Decke. Rote Socken, Stasi, alles ein Gelumpe. Ich kann auch anders, Voß.

VOSS:

Dann mach, was du willst. Ich dachte, wir verstehen uns. Aber wie du willst.

KOWALSKI:

Alles war klar. Die Frau war endlich bereit, zu gehen und das Haus zu verkaufen, und da kommst du mit Treuhand und Grundstücksverkauf und Investoren. Davon war nie die Rede. Wenn du einen Arsch in der Hose hättest, Voß, dann hättest du dich durchgesetzt. Dann hättest du deinem Gemeinderat den Marsch geblasen.

VOSS:

Die Gemeinde, die hatte nichts zu entscheiden, die durfte nur zustimmen.

KOWALSKI:

Vergiß nicht, ihr braucht uns auch einmal. So dicht an der Grenze seid ihr ohne uns aufgeschmissen. Das könnte sich noch als ein kapitaler Fehler herausstellen.

VOSS:

Weiß ich nicht. Kann sein. Hast du damals ihre Töle vergiftet?

KOWALSKI:

Red keinen Unsinn.

VOSS:

Geht mich nichts an. Ich werde dann mal gehen.

KOWALSKI:

Das Haus hat mir von Anfang an gefallen.

VOSS:

Du findest etwas anderes. Es steht noch genug zum Verkauf.

KOWALSKI:

Aber nicht in der Lage. Das war einmalig. Hat sich der Staatsanwalt noch einmal bei dir gemeldet?

VOSS:

Ich wurde vor vier Monaten zweimal vernommen, jetzt nicht mehr. Aber wir beide haben ja sowieso nichts gehört und nichts gesehen. Ich konnte nichts sagen.

KOWALSKI:

Ist auch besser so. Ich will nicht wegen zwei toten Asylanten meinen Jagdschein verlieren. Dann hätte ich aber vom Osten endgültig die Nase voll. Ich weiß nicht, welcher Idiot die beiden abgeknallt hat, und es interessiert mich auch nicht. Aber dummes Gequatsche kann ich nicht ausstehen.

VOSS:

Ich habe nichts gesehen, ich kann nichts sagen. Und du auch nicht.

KOWALSKI:

So ist es. Und wenn alle Spuren verbrannt sind, ist das denen ihr Problem. Aber wegen dem Haus, Bernd, da schuldest du mir etwas. Dein ganzes Dorf schuldet mir etwas.

VOSS:

Du kommst schon zu deinem Haus. Reiß dich hier los. Komm, wir schauen nach den Sauen.

14. SZENE

Veranda des Wohnhauses in der Randow.
Peter Stadel.

STADEL:
Nehmen Sie sich mit, was Sie wollen. Aber ich glaube nicht, daß noch viel zu finden ist. Nichts von Wert jedenfalls. Das Haus stand ein paar Wochen leer, da wurde ganz schön geräubert. Selbst die Armaturen haben sie herausgerissen. Im Keller stand das Wasser einen halben Meter hoch. Es war Zeit, daß wir Ordnung schaffen. Die hätten noch den letzten Nagel geklaut.

ANNA *tritt auf*:
Es sieht schrecklich aus.

STADEL:
Das habe ich Ihnen doch vorher gesagt. Sie hätten damals alles gleich mitnehmen müssen. Man kann nicht ausziehen und die Hälfte der Sachen in einem leeren Haus zurücklassen. Das war ganz falsch von Ihnen. Da zahlt die Versicherung nichts. Vermissen Sie viel?

ANNA:
Das Haus ist verwüstet.

STADEL:
Jaja, aber das richten wir wieder her. Das wird schöner, als es je war, das versichere ich Ihnen.

ANNA:

Wer macht so etwas? Und warum?

STADEL:

Mein Gott, das sind Jugendliche, Arbeitslose, das Gesocks aus den umliegenden Dörfern. Na, und dann die nahe Grenze. Damit mußten Sie rechnen. Haben Sie noch etwas gefunden?

ANNA:

Nur einen Napf von meinem Hund. Und die Hundebürste, mit der ich ihm sein Fell ausgekämmt habe. Das ist alles.

STADEL:

Was haben Sie für einen Hund?

ANNA:

Er ist tot. Man hat ihn mir vergiftet.

STADEL:

Leute gibts.

Man hört dumpfe Schläge.

ANNA:

Was war das? Hat jemand geschossen?

STADEL:

Nein, das sind meine Jungs. Sie bringen den Zaun wieder in Ordnung. Vor dem Winter muß der wieder stehen. Der war ja auch völlig zerstört. Aber jetzt zieht Ordnung ein. Der Aufbau geht voran.

ANNA:

Dann darf man das Tal wieder nicht betreten?

STADEL:

Es ist privates Gelände. Da haben Unbefugte nichts zu suchen.

ANNA:

Schade. Es ist ein so schönes Tal. Ich habe gern hier gewohnt.

STADEL:

Das Tal ist schön, aber ohne einen soliden Metallzaun geht doch alles kaputt. Sogar Tote solls gegeben haben.

ANNA:

Ja, zwei Rumänen, die illegal über die Grenze kamen, wurden erschossen.

STADEL:

Na, sehen Sie. Da ist es besser, rechtzeitig einen stabilen Zaun zu errichten. Dann kann so etwas nicht passieren.

ANNA:

Sind Sie der neue Besitzer?

STADEL:

Gewissermaßen. Sagen wir, der Verwalter. Der Eigentümer ist eine Gesellschaft, eine Holding.

ANNA:

Und was will diese Gesellschaft mit dem Haus?

STADEL:

Wir werden ein Kongreß- und Ausbildungszentrum schaffen, national, international, alles vom Feinsten. In ein, zwei Jahren werden Sie das Tal nicht wiedererkennen.

ANNA:

Das fürchte ich auch.

STADEL:

Haben Sie es lieber, wenn hier Leute erschossen werden? Oder Vandalen alles zerstören?

ANNA:

Aber das ist ein Landschaftsschutzgebiet, es darf nicht gebaut werden.

STADEL:

Keine Sorge. Die Gesetze werden alle beachtet, dafür sorgt die Holding.

ANNA:

Ich würde gern noch eine Stunde bleiben, wenn es möglich ist.

STADEL:

Das kann ich nicht gestatten.

ANNA:

Es ist, es war schließlich mein Haus.

STADEL:

Es ist unmöglich. Ich kann Sie nicht allein lassen wegen meiner Hunde.

ANNA:

Vor Hunden fürchte ich mich nicht. Ich kann mit Hunden umgehen.

STADEL:

Das will ich Ihnen gern glauben. Aber nicht mit meinen Hunden. Vor denen habe selbst ich Respekt. Denen drehe ich nie den Rücken zu. Wenn Sie fertig sind, muß ich Sie bitten, mit mir zu kommen. Haben Sie alles?

ANNA:

Ja.

STADEL:

Das ist alles? Wegen dem Zeug sind Sie noch mal hergekommen?

Anna:

Wegen dem Zeug, ja.

Stadel:

Na, schön. Dann bringe ich Sie zum Tor.

Anna:

Nur noch einen Blick.

Stadel:

Ja, schauen Sie es sich noch einmal an. Jetzt im Herbst ist es in der Randow wirklich schön.

ENDE

ISBN 3-351-02276-X

1. Auflage 1994

Einbandgestaltung Heinz Hellmis, Hennigsdorf
Typographie Peter Birmele
Satz LVD GmbH, Berlin
Druck und Binden Clausen & Bosse, Leck
Printed in Germany